尾木ママの

親だからできる「こころ」の子育て

尾木直樹

PHP文庫

○本表紙図柄＝ロゼッタ・ストーン（大英博物館蔵）
○本表紙デザイン＋紋章＝上田晃郷

プロローグ

「答えが見つからない」なら、子どもと一緒に考えればいい

二〇〇一年に単行本『親だからできる「こころ」の教育』を出版してから、早いものでかなりの月日が経ちました。

文庫としてリニューアルするというお話をいただいて、改めて原書を読み返してみたのですが、今の時代も、そしてこれからの時代も、ますます子どもたちの心をどう育てていくかが、本当に重要になっていくなあと痛感しています。

二〇一一年三月十一日に起きた東日本大震災で、日本は「これからの国づくりをどうしていくのか」という、とても重要な課題を突きつけられましたね。この国づくりのなかには、未来を担っていく子どもたちをどんなふうに育てていくかも含まれます。これからの時代、どうやって子どもを育てていけばいいのか……

と不安に思っているお母さんも沢山いらっしゃるのではないでしょうか。

未曾有《みぞう》の大災害で感じたことを正直に言うと、この大震災では今の日本人のいろいろな問題点が明らかになりました。

モラルを守って堪え忍び、暴動も起こさず、力を合わせて頑張っている被災地の方たちの姿は、日本国内だけでなく、国際的にも反響を呼んで賞賛を受けました。一人ひとりのモラルの高さと団結力は、たしかに日本人の持つよさを象徴的に表していたと思います。

でも福島第一原子力発電所の事故では、日本人のダメさ加減のほうが浮き彫りになってしまいました。情報隠しや発表の遅れや事実の隠蔽、あげくには佐賀県の原発を運転再開させるための「やらせ問題」のように、モラルのモの字すら考えていないような対応は、怒りすら通り越して、呆れてものも言えないという感じです。

電力会社や原子力安全・保安院の人たちは、いわゆるエリートです。危機的状況になったときに保身に走るエリート層の弱さを目の当たりにして、日本の教育の失敗も改めて証明されましたし、おかしいことを「おかしい」と発信していかないメディアや日本人全般の歪《ゆが》んだ我慢強さも実感したことです。強いものに弱くて、長いものに巻かれる。都合の悪いことはどんなことをしても隠そうとする。自分の意見をきちんと主張できない。

これが東日本大震災で明らかになった日本人の負の側面です。ここを反面教師にして、次の時代を担う子どもたちの教育を、時には子どもたち自身の知恵を借りながら、私たち大人は考えていかなくてはいけないと、心の底から思います。

日本の教育は世界基準から置き去りにされている

では、未来の時代の子どもたちを育てる上で一番大事なことは何でしょうか。親をはじめとする大人たちは、どのように子どもを育てていけばいいのでしょうか。

そのひとつのキーワードが「グローバル」です。

しっかり世界と協力し、協同し合って生きていくことができて、個の確立がきちんと図られ、言うべき意見は自分の意見として述べられる人であること。未来につながる心豊かな子どもたちを育てるには、ここを目指していかなくてはいけないと思います。

これからの時代は、ますます世界の国との垣根が低くなります。求められる能力も、国内に通用するだけではダメで、国際社会で通用する力を身につけていくことが必要になっていきます。国際社会が一番重視しているのは、発想力、洞察力、問題解決能力、表現力、グローバルコミュニケーション能力、そして批判的な思考力というものです。

残念ながら日本は、この世界基準から完全に置き去りにされてしまいました。

それも当たり前といえば当たり前。日本の教育はとても内向きで、世界に通用する人間を育てていこうという発想がないからです。例えば、一時期の詰め込み教育の反省から、次は「ゆとり教育《はぐく》」へと移行した時期があります。

ゆとりをもたせて考える力を育んでいこう、子どもたちのこころを育てる教育を……となったわけですが、やってみたはいいものの、国際的な学力テストでガクンと結果が落ちてしまった。それを受けて、「やっぱりゆとりはダメだ」と言われ出し、今度は「脱ゆとり」ということで、元の詰め込みに戻ってしまいました。

要は、詰め込むのか、詰め込まないのかというだけの違いで、「記憶して正解がすぐに出せればよい」という変わらない教育観の中で、あっちに振れたり、こっちに振れたりしているだけなのです。

国際社会が求めている能力が、記憶力と正答力でないことはすでに明らかになっています。ところが日本の教育には、物事の本質や理屈を教え、主体的、創造的、あるいはクリティカルに物事を発展させていく力を育てようという視点がまったくありません。

こうした教育観の中で育っていく子どもたちは、どんどん世界から置いていかれることになります。

「あなたが生きるってことは、世界とつながって生きるってことなんだよ」

世界に相手にされない人になっていくだけではなく、いざ就職となったとき、国内企業の採用においてさえ、置いてけぼりにされてしまう可能性もあります。

企業の採用戦略は、すでにグローバルを視野に展開されています。

例えばパナソニックは二〇一一年度の新卒採用の八〇パーセントを外国人にしました。同様に「ユニクロ」のファーストリテイリングは五〇パーセントが外国人でした。

企業が生き延びるためには海外にも足場を作っていかなければなりません。そうした状況の中では、日本人だろうが、日本以外の国の人であろうが、「優秀であること」が何よりも優先されます。

日本語もできるし英語もできる。それに決断力もあるし、忍耐もできる。こうした能力があることが、企業で採用される必要条件になっていきます。

「いい大学にさえ入れば、大企業に入れて、この子も安泰だわ」は、金輪際通用しなくなっていくと考えたほうがいいのです。

子どもの心を育てていくにあたっては、同じ「心の強さ」「心のやさしさ」であっても、これからはグローバルな視点に基づいた「心の強さ」「心のやさしさ」が不可欠になっていくことは間違いありません。

それには日頃から、「あなたが生きるってことは、世界とつながって生きているってことなんだよ」という認識を、子どもたちの中にどう育んでいくかが大切になります。

本音を言えば、「そのためにも親御さんたちは、高校でも大学でもいいから、とにかく我が子を留学させて！」と言いたいのですが、せめて海外のニュースを話題にして、世界経済の仕組みを話し合ったり、海外の外交のやり方を見て各国の立場や思惑を話し合ったり、グローバルな視点で世の中の出来事を話し合ってほしいなと思うのです。

生命力のある子はみんな「ありのままの自分が好き」

子どもが大きくなったときに必要とされる能力が「自らどう考え、判断し、問題を解決していくか」であり、「豊かな発想力に基づいて、さまざまに創造していける力」であると思えば、家庭教育でやれることもいっぱいあると思います。

例えば親御さんたちにまずしていただきたいのは、「テストでいい点を取ること、内申書をあげることが大事」といった価値観から脱出することです。

学校の勉強だけに主眼を置いて、テストの点数しか評価しないようなペーパー主義から抜け出せないと、本当に心豊かな子は育っていきません。

テストの点数が四十点でも、豊かな感性があって、「なぜ?」と考えることができる子のほうが、十年後、二十年後、ものすごい力を身につけている可能性があるのです。

内閣府が二〇一〇年に発表した潜在的ひきこもりの人数は一五五万人でしたが、この数字は日本にとって大変な損失です。ひきこもりの人たちの平均年齢は三十五歳前後でしょう。おそらくは感受性が鋭くて、勉強もできる優秀な子で、いわゆる「いい子」だった人が多いと思います。

どんなに勉強ができて優秀で、いい子であっても、生きる力や意欲、そして自己肯定感がもてないまま大人になっていけば、どこかでつまずきます。不登校やひきこもりは、そのひとつの形といっていいのです。

二〇〇八年ごろ、東大生を対象に自己肯定感についてアンケートをとったことがありますが、その結果を見て驚いたのは、びっくりするぐらい自己肯定感が低かったことでした。

それは他者との比較で自己評価をするからです。

日本の子どもたちの自己肯定感の低さは、さまざまな国際比較調査でも現れていて、小学校でも中学校でも、高校でも大学でも、日本はドン底です。ところが他の国の子どもたちは六～八割が「自分はできる」と堂々と答えるのです。

なぜ、そのような自分への自信と自己肯定感がもてるのでしょうか。それは他人と比べて自分を評価するのではなく、去年の自分と比べて「ここまでできるようになった」という評価の仕方をしているからなのです。

他人と比較した自分ではなく、あくまで「自分は自分なんだ」とありのままの自分を認めて、そこに確信をもっているからこそ、自分の成長や存在を真正面から肯定することができるのですね。

残念ながら、日本の子どもたちには、堂々と「自分は自分でいい」「ありのままの自分でいい」と思える気持ちがなかなか育ちません。ここは長い間教育の現場に携わってきた私としても、本当に忸怩《じくじ》たる思いです。学校教育ではむずかしい分、家庭での親子の関わりの中で、ぜひそこを育《はぐく》んであげられるといいなと思うのです。

子ども参加で共に考え、共に歩もう

二〇一一年「FIFA女子ワールドカップドイツ大会」で、日本の「なでしこジャパン」は見事に優勝を果たし、日本国中を感動の坩堝《るつぼ》に変えました。彼女たちの強さは、佐々木則夫監督の育て方にもあると思います。

聞いていて「すごい」と思ったのは、弱点を修正するのではなく、長所を伸ばすやり方でチームを強くしたことです。その発想が、これからの教育では大切になってくることでしょう。個がきちんと確立されている一人ひとりが、横並びで手をつなぎ合い、一つの大きな力となっていく。弱い個人であっても、個人として確立された者同士が集まれば、強い一人よりもはるかに強くなれるはずです。

自立した人同士がまとまり合う強さは、上からの号令一つで動いていく塊の強さとは違い、しなやかで、だからこそ強靭《きょうじん》です。

グローバル化の中で日本が他の国と仲よく生きていくためにも、このようなしなやかで強靭な日本をイメージし、学校も、そして親である皆さんたちにも、個の確立した子どもたちを育てていっていただきたいと思うのです。

いっぱい記憶して正しい答えがパッと出せる、従来型の勉強ができる「いい子」ほど、親の望む自分を演じて、自尊心や自己肯定感が育みにくくなっていきます。

そういう子ではなく、「なぜ」を大事にできて、ありのままの自分が大好きで、生きるための本当の力が身についている子にしていってあげてほしいと思うのです。

たしかに、これはなかなかむずかしいことかもしれません。でも、そうした思いをもって子どもと向き合っていくことが、心を育てる大事な一歩になります。

もう一つ、子ども目線で子どもと向き合い、子どもと共に歩むということも意識していただくといいと思います。

世界情勢も社会情勢も、インターネットの世界も、とにかく目まぐるしく変化していく世の中で、大人主導で子どもを導くには、やはり限界があります。ならばいっそのこと、子どもと協同してしまい、「これはどうしようか」と子ども参加で考えたり、決めたりしていく方が、結果はきっといいものになります。

私は子育て相談もいっぱいお受けするのですが、「子どもから『勉強って何のためにするの?』って聞かれるのだけれど、何て答えればいいんでしょう」といった質問もとても多く寄せられます。

「答え、わかりますか?」と聞くと、ほぼ全員の親御さんが「わかりません」。そういうときは、「それならいいじゃないですか。お子さんには『お母さんもわからなくて苦しんじゃうようなむずかしいことを、そんなに小さいのに考えたんだ。それはすごいね。じゃあ、一緒に考えてみようか』と言って、一緒に考えればいいんですよ。正解はないのだから、一緒に考えて出した答えがお母さんとお子さんにとっての正解なんです」とお答えします。

これでいいのです。親が答えを与えるのではなくて、子どもも参加して一緒に何かを考える。そこにこそ、未来につながる力が育つ鍵があると思います。

さて、最後にひと言。

本書を手にとってくださった皆さんの中には、「あ、尾木ママの本だ！」と思って、「尾木ママが言う『心』の子育てってなんだろう」と購入してくださった方も多いかもしれませんね。

でも、この本を読むと「ずい分と口調が固いな」と感じる方も少なくないと思います。いつもの「〜なのよね」がない！　と戸惑ってしまう方もいることでしょう。

じつは「尾木ママ」はバラエティー番組が作ってくれた新しい尾木直樹で、二〇〇九年に産声をあげたばかりなのです。もう一人の「教育評論家・尾木直樹」は、意外と（？）硬派で、子どもたちを取り巻く環境にも、「それはＮＯ！」をはじめ、言いたいことをあふれんばかりにもっています。

この本は、尾木ママが誕生する前の二〇〇一年に書かれたものを元にしていることもありますが、硬派な「教育評論家・尾木直樹」キャラで伝えたいことを伝えていこうと考えて書きました。ですから、ちょっと硬めの仕上がりになっているかもしれません。でも「尾木ママ」として僕を知ってくださっている皆さんには、違う一面を知っていただけるいい機会だとも思っています。

まじめな顔をして、まじめな口調で子どもの教育を語っている、もう一人の「尾木ママ」だと思って、最後まで読んでいただければ幸いです。

尾木直樹

二〇一一年　十月

尾木ママの

親だからできる「こころ」の子育て♥もくじ

第３章　あるがままの我が子を受け入れて

第４章　協同・共生の子育て

編集協力・八木沢由香

第１章

いま、子どもたちの心に何が起きているのか

「心を育てる」とは、どういうこと？

「心が育つ」ということ

「心が育つ」とはどういうことを意味していると思いますか？　どんな教育によって、心は育つのでしょうか。

道徳教育をしっかり行って、「こうしなさい」と実践させたい項目をいくつか掲げ、それを子どもたちに教えてゆけば、子どもの中にたとえば「思いやりのある心」が形成され、定着するものなのでしょうか。

結論からいうと、数十年も昔なら、そのように道徳を教えて守らせることで一定の成果を生んだかもしれません。けれども、情報化、国際化の激しい波に襲われている現在のような環境では、昔と同じ切り口で教育しようとしても、その成果は一〇〇分の一にも満たないのではないかと思います。

ITが発達し、日々目まぐるしくテクノロジーが進化している中で、子どもたちは刺激の強い大量の情報が渦巻く真っ只中を生きています。そのような子どもたちに、大人が「人を思いやりましょう」といった徳目をどんなに掲げて守らせようとしても、子どもにはそんなものは一種の「化石」にしか映らないでしょう。

「人としてあるべき姿」を育てようといくら大人がもがいても、それに逆行するひどい現実社会が、今はどっかりと壁のように立ちはだかっています。

その証拠に、毎日の新聞やテレビのニュースは、心の汚れた大人の姿を次々と映し出しています。

例えば東日本大震災によって発生した福島第一原子力発電所の事故では、国の発展をリードするはずのエリートたちが、自分の立場や仕事を守るため、保身からいかに多くの事実の隠蔽や情報隠し、「やらせ」といった情報操作を行っていたかが明らかになりました。

また「振り込め詐欺」はますます手口が巧妙化して、高齢の方たちの大切な財産を奪い続けています。「誰でもいいから殺したかった」という身勝手な理由で、通りすがりの人たちを大勢死傷させた「土浦（荒川沖駅）通り魔事件」や「秋葉原通り魔事件」などもあります。

子どもへの虐待も一向に後を絶ちません。身体的暴力で心身を傷つけられる子どもたちだけではなく、近年は「遊ぶほうが楽しかった」「飼い猫のほうがかわいかった」というとんでもない理由による親のネグレクト（育児放棄）で、餓死により命を奪われる幼い子たちが目立ちます。

自分のことしか考えない身勝手な大人たちが、これまでの犯罪の「常識」をくつがえさんばかりの信じがたい事件を起こしているのです。学校の授業を通した「心の教育」などまったく役に立たない現実ばかりが目につきます。

つまり、「人を思いやる」「人を大切にする」といった感性というのは、道徳教育や説教をして身につくものではなく、生活環境や体験を通して育まれていくものだということです。あくまでも体験を通すこと、体感できる空間をつくりだすことが大切なのです。

人の命は大切なのだ、人殺しはいけないのだ、というごく当たり前の倫理観＝モラルが身についていない子どもたちは、そういう感性を育む環境に生きていないということになります。

幼児期の心を育てる

学校教育でのこれまでの失敗から、文部科学省の力点は「幼児教育における心づくり」へとシフトしてきました。

たしかに、幼児期における心の教育の効果は絶大です。

幼い子どもたちは家族のしぐさや習慣、言葉のアクセントに至るまで、大きな影響を受けます。家風や両親、兄弟姉妹の態度、感じ方、価値観などが、くっきりと幼心に刻み込まれて育ってゆきます。その意味で、幼児期こそ心の教育が重要であることは、近年の大脳生理学の研究成果からも言われています。

けれども「早期教育」のように、学問的な教育成果と科学的根拠を背景に、「子どもにとってよい」と善意に考えて上から見下ろすように子どもと接すれば、子どもは画一的に、ある一つの方向にしか形作られていきません。

ですから、うっかりすると、子どもの意思を尊重しない「ほほえみの虐待」にもなりかねないのです。

幼児期から、温かで愛情のある家族や社会の姿を自分の中に取り入れて学習することで、本当に豊かな心を育むことにつながっていく。このような環境を子どもたちのためにつくってゆくところにこそ、行政や大人は力を注ぐべきではないかと私は思います。

環境から学び、影響を受け、モラルや価値観を身につけることが子どもの本性であるという点を軽視してはいけません。そのことが、長い目で見れば、結局私たち大人の幸せにもつながっていることを自覚するべきなのです。

東日本大震災以降は、新しい日本をつくりあげていくための大切な時代になると思います。そこではますます、大人も子どもと共同して「心づくり」を模索しながら生きていく時代になっていくと思います。

仮面を脱げない子どもたち

自尊感情の低い子どもたち

私は、現在の子どもたちは、あるがままの自分を受け入れ、自分を愛するという自尊感情がとても低くなっていると考えています。

自尊感情が高いということは、常に自分が周りから受け入れられているという安心感があり、精神的充足感が大きいことを意味します。自尊感情が高ければ、たとえ状況が悪くても、爆発的な感情表現や攻撃的な行動によって自分の心の落ち着きどころを求める必要がないからです。

安堵感があれば、どんなに敵対した相手に対しても、人としての信頼感を持ち、接点を求め、言葉による理性的な議論といったコミュニケーションをとろうとします。不合理な要求やトラブルであっても、腰をすえて穏やかに受けとめることができるのです。自分の要求を通したい場面でも感情に走ったり暴力に訴えたりすることはありません。

「よい子ストレス」ってなに？

ではなぜ、子どもたちの自尊感情はそこまで損なわれているのでしょうか。それはここ数年の子どもたちの変化として、とくに気になることがあります。それは「親の前ではよい子に変身する」子どもたちが増えてきたということです。これは、小学校低学年の子どもほどよく見られる現象です。私はこれを「よい子ストレス」と呼んでいます。

「お母さんの前ではいつもお利口さんでいなければならない」と、子どもたちは必死によい子を演じているのです。お母さんたちには、たとえば「好き嫌いはしない」「てきぱきとよく動ける」「ニコニコとあいさつができる」「服をきれいにたためる」などといった生活の細部から子どもの表情に至るまで、「よい子像」というものがインプットされていて、あらゆる場面でそれを子どもたちに要求しています。

その結果、子どもは親の前で演技せざるを得なくなるのです。「内弁慶」という言葉は、子どもの世界ではもう死語かもしれません。子どもたちは、いちばん安らげる場であるはずの家の中で自分のあるがままの姿を出せない。「あるがまま」では親に受け入れてもらえないとわかっているのです。

このことがどれほど子どもの負担になっているか、気づかない人はたくさんいます。そのストレス発散の方法として、学校でキレたり、暴れたりすることが大いに考えられるのです。

しかし、「よい子ストレス」の発生源は家庭だけに限りません。学校も子どもたちにとっていかにストレスの温床になっていることでしょうか。

「一日一回はよいことをしましょう」「忘れ物はしないようにしましょう」「廊下は右側を歩きましょう」……。

このような教育目標に沿って子どもを引っ張っていくことが教師の役目だと思っている方がまだ多いようです。しかし、教師のいいつけに従っている「よい子」ほどストレスをため込み、いつキレるかわからない、という現実も心にとめておきたいものです。

内申書を重視すると子どもの心は壊れてしまう

さらに、いまの子どもたちは思春期の発達を保障されていないという問題があります。

思春期というのは、これまでの自分を壊して新しくつくり変えていく、そのことを通して自立していく重要な時期です。これまで自明だと思っていたことにいちいち疑問を抱き、自分自身にさえ疑問を抱き、その不安やいらだちを親や教師に全部ぶつけてきます。

精神的な葛藤を繰り返しながら失敗を積み重ね、時には回り道もしながら新しい自分をつくっていく。それは中学時代にだれもがくぐりぬける試練だったのです。その葛藤に正面から向き合い、「あいつ突き抜けたね」「一皮剝《む》けたね」という姿を見るのが教師の喜びでもありました。

ところがいまの学校は、子どもたちにその葛藤を保障しないで、「よい子」の演技を要求しているのです。発達論的にいえば、これは子どもにとっては致命的なことではないでしょうか。

その背景には、偏差値を廃して内申書重視へと転換した教育システムの問題があります。

明治以来の「知識の量と理解の力」という二本柱の学力観を初めて変更し、一九九二年から「関心・意欲・態度」を評価するという路線になりました。それに連動して入試も変えて、何が重視されるようになったかといえば、「ボランティアをやっているか」「委員長をやったか」「授業中の態度はどうか」などです。ついには授業中に手を挙げた回数まで教師が「正」の字でつけるようになってしまいました。

都内のある中学校では、生徒会の役員選挙に九十一人もの子が立候補して、立会演説に四時間もかかったという話がありました。そうすることが内申書の点数をあげることになり、受験に有利になるからと親に言われたのです。こうした親たちをつくり上げてきたのも、日本の教育です。

点数重視のシステムのもとでは、先生に対して仮面を被らざるを得ない――「よい子」の演技をせざるを得ません。テストで満点を取る学力があっても、それだけでは内申書は上がっていかなくなったからです。

テストができても明るく笑顔で手を挙げるということをしなければ五の評価をとることはできなくなり、どんなに嫌いな先生に対しても「はい！」と「関心・意欲・態度」を見せなければならなくなったのです。

自分の本当の心を偽って、内申書のために屈辱的に「よい子」を演じ続ける「よい子症候群」の子は、いまも増え続けています。

この「よい子」といわれている子ほど、じつは問題を抱えていることが少なくありません。

皆さんの中にも、まだご記憶として残っているかもしれませんが、二〇〇〇年五月に、愛知県豊川市で当時十七歳（高校三年生）の少年が、当時六十八歳の主婦を四十ヵ所もメッタ刺しにして殺害するという事件が起きました。

「誰でもいいから人を殺してみたかった」という少年の動機は、当時の世の中を大きく震撼《しんかん》させました。

この少年は、近所のおばあちゃんに出会うと、「おはようございます！」とわざわざ自転車から降りてあいさつをしていたといいます。評判がとてもいいから少年はますます演技に力を注ぎます。おじいちゃんもお父さんも学校の先生でした。

少年は家庭の中でも「よい子」を演じきったのですね。パーフェクトに仮面を被ってしまったのではないでしょうか。成績がよくて、人柄がよくて、友達づきあいもいい。それをやっていくことがどれだけ大変なことだったでしょう。

昔のような学歴社会なら、演じきったその努力が信頼できる確かな担保となって未来に花開き、希望をつなぐことができました。でもいまは、それもなくなっています。

だからそれが突如暴発するのです。キレるのです。

いまの子どもたちは、先を見ようとしても展望が開けないから、自分を見つめます。安定した学歴社会が崩れ始めた中で、自分は何をして生きていくのか、自分は何がやりたいのかという「自分探し」を始めるのです。その「自分」が見つからない限り、社会に対して一歩も踏みだせない状態になってしまうのです。いま、「ひきこもり」の青年が急増しているのもそこに大きな原因があると思います。

豊川の少年の場合は、自分自身を見つめたときに鏡に映ったのは「自分」ではなく、教育熱心なおじいちゃんだったのです。

ある意味で、あれはおじいちゃん殺しだったといえるかもしれません。その対象を打倒しない限り、「自分」を取り戻せなかったのかもしれません。初めての〝自分らしい〟行動だったのではないでしょうか。あの殺人は、空洞化させられた「よい子」の末路がどうなるかという一つの典型例ではなかったかと思います。

急激に進む「自分らしさ」の空洞化

アメリカでもフランスでも「よい子」で「成績のいい子」たちによる信じられないような事件が次々と起きています。国家が経済大国になっていく過程では、子どもたちが成長する中で様々な体験や苦労、挫折経験をくぐり抜けながら、豊かな感性を形成していくというゆとりやプロセスがどうしても欠落しやすいのです。

いいかえれば、それぞれの成長過程において豊かな人間関係を築いていなければ〝人は人間になれない〟ということではないでしょうか。それを鮮烈に示唆しているのです。

大学生になっても「自分がない」と焦り始める学生がいます。東大の医学部に入っても、いまは臨床課程へ進む前に問診ができるかどうかを見る試験などをして、適性がなければ進路変更も考えることがあるといいます。学力がトップでも、生きる力が欠落し、コミュニケーション能力が怪しい学生が登場しているのです。

彼らが自分を取り戻そうとのたうちまわっているのと、よい子が事件を引き起こすのとは、根本的には同じ問題だと感じます。自分らしさが空洞化している、というか、自分らしさがないのです。アイデンティティの欠落です。

自分とは何かと考えたときに、自分がない。その空虚感というのは、少年たちにとっては足場の不安定なビルの工事現場に登っているような震えを感じることでしょう。

少年犯罪を防ぐには、と聞かれて、かつて私はよく「みんなガングロのヤマンバギャルになればいい」と答えたものです。

現在はａｇｅ《あげ》嬢《じょう》と呼ばれる小悪魔系ファッションの子が増えましたが、いまだにヤマンバギャルの流れを汲むマンバ系と呼ばれる子たちもいます。あの子たちは健康的です。大人たちから不気味がられて何の期待もされない。そして化粧を落としたとたんに普通の言葉遣いになるのです。

化粧を落としたあとが、仮面を被った状態です。ふつうとは逆ですね。仮面を脱ぐためにマンバをやっているのです。化粧をすることで、世間の一般的価値や義務から完全に脱却して、大人から期待されることのない自分の内なる自由、つまり自分らしさを確保しているのです。

学級崩壊は起きて当然だった!?

学童保育指導員はこう見る

低学年の子どもたちの生活実態を最も把握できる立場にいるのは、学校の教師よりも学童保育指導員かもしれません。なぜなら、子どもにとって放課後を一緒に過ごす学童保育指導員は、「先生と児童」という強制や権威の関係ではなく、もっと気安い存在だからです。また指導員は、父母のお迎えの際に、親子関係を観察することもできます。

つまり、学校の先生よりも「子どもたちの地の部分」を見ているのではないかと思うのです。

そこで私は学童保育指導員の協力を得て、子どもたちの様子について聞いてみました。

その結果、注目すべき点がいくつか見えてきたのです。

●親の前では「よい子」に変身する
●「自己中心的な子」が増えている
●言動が粗暴である
●片付け・あいさつなど基本ができない
●夜型の生活の子が増えた

このうち、私が非常にショックを受けたのは「親の前ではよい子に変身する子どもたち」です。

具体的な例でいうと、ふだんは指導員たちがいくら「片付けて」と言っても「うるせーんだよ」と言っている子が、親が迎えにきたとたん、「先生、僕が片付けるよ！」と態度が豹変《ひょうへん》してしまう。「お母さん」という言葉を聞いただけでビクッとする子どももいるそうです。ここに、「親の前ではよい子を演じなければ」という子どもたちのストレスをはっきりと見ることができます。

また「自己中心的な子」の例では、「友達と一緒に遊ぶことができない」「自分が主導権を握れないとふてくされたり、場を壊す」「順番が待てず、フラッといなくなる」といった子どもが増えているという報告があります。

さらに「すぐにぶっ殺すと言う」「ドアを開けたら閉めない」という声もあり、これでは学校という集団生活が成り立つはずがない、と思えるほどです。「夜型の生活が増えた」子の例に関しては、夜中の十二時、一時にコンビニをうろうろする小学生が増えたという、ある地域の話も耳にしました。

学童指導員たちには「子どもを見ていて小一から学級崩壊が起きるのは当然と思うか」という質問もしてみましたが、ほとんどの指導員たちは「そう思う」と答えました。これが放課後の子どもたちの姿を見ている指導員たちの声なのです。

このことからも、小学校の低学年で「学級崩壊」が起きるのはいまや当たり前、と認識すべきだと思うのです。むしろ、起こっていないクラスは運がいい、と言えるのではないでしょうか。すなわち「学級崩壊」は、教師の力量不足を語る以前に、子どもの発育や親子関係の変化、そして生活環境や社会の変化を抜きにして語ることはできないのです。

崩壊クラスに見られる四つの現象

そもそも学級崩壊とは、どのような状態なのでしょうか。

私は、次のように定義しています。

「学級崩壊」とは……

小学校において、授業中、立ち歩きや私語、自己中心的な行動をとる児童によって、一定期間学級全体の授業が成立しない現象

そして、私自身が実際に低学年のクラスを見てみたり、先生方からお話をうかがったところ、主に次の四つの現象がどの崩壊クラスでも共通して起こっていることがわかりました。

①床に落とし物が多い

これは、何かをうっかり落としてしまうという意味ではなく、とにかくいろい

ろなものが教室に散らかっているということです。先生が配ったプリントや鉛筆や消しゴムはもちろん、片方だけの上履きや靴下、体育の時間に着るジャージなど、あらゆるものが床に落ちているにもかかわらず、だれも拾おうとしないのが崩壊クラスの特徴です。

②授業中に席を立って歩く

思いついたときにどこへでも動く。トイレに行く子もいれば、他のクラスに行ってしまう子もいます。授業中じっと座っていることができずに、「なんか疲れた～」と言って突然床に寝転んでしまう子どももいます。自分の家と学校にいるときの区別がついていないのです。

③すぐにパニックを起こす

なんでもないことですぐにパニックを起こしてしまう子どもがいます。たとえば先生がある子どもに配ったプリントの端っこがほんの少し折れていたとしましょう。その子は、「あ、僕のだけ折れてるー！」と大声を上げて騒ぎ始めます。先生が「じゃあ、替えてあげましょう」と言ったところでその子のパニックは収まらず、挙げ句の果てに「やだ、やだ、やだー」と泣き出したりします。

そうやって先生が対応にてこずっている間に、今度はほかの子が「先生、私のも折れてるー」「おれのもだー」と、クラス中が騒然となってしまうのです。

④人の話を聞かない

ふつうは先生が前に立って「はい、これから明日の連絡事項を言います」と言えば、「なんだろう」と子どもたちの注意は先生に集まります。ところが先生が前に立とうと、話し始めようと、おかまいなしに振る舞う子どもたちがいます。

高学年になると「先生がきらいだから無視しよう」というような反発心、つまり自分の意思によって、わざと先生の話を聞かないという子どもが多いのですが、低学年の場合はわざとというよりも、人が自分に向かってしゃべっていること自体に注意を向けられない子どもが多い。つまり、彼らにとっての話し手は、「見ていないけれど、つけっぱなしのテレビ」か何かのようなものです。

いかがでしょう。このような態度をとる子どもたちが教室に何人もいるとしたら……。どんなに指導力がある先生でもお手上げ、というケースが多いのもうなずけませんか。

「人の話を聞かない」こと一つをとってみても、これは小学校に入る以前に子どもたち自身が「人に話を聞いてもらうことの心地よさ」を体験できていないことに原因があります。

家庭や幼稚園の人間関係の中で、目と目を見つめあって会話する安心感を知らない子どもに、小学校に入っていきなり「人の話を聞きなさい」と言っても無理なのです。つまり、このような子どもたちの態度はまず、「人と対話する経験をしていない」という重大なSOSのサインだと受けとめなければならないでしょう。

第1章のまとめ

●いまの子どもに、お説教は効き目なし

「人を思いやる」「人を大切にする」という気持ちは、毎日の生活や様々な体験によってしか、身につきません。ニュースを見ながら、どうしたらそのような事件が防げたのかを子どもと一緒に考えることで、「感性」を磨くことができます。

●子どもは、あなたのしぐさや習慣をコピーしていく

親のしぐさや習慣、言葉のアクセントまで次々にコピーしていく子どもたちにとって、幼児期はとっても大切な時期。それを意識しながら生活しましょう。

●早期教育に情熱を注ぐのはちょっと待って！

心や脳を育てるのに、幼児期はとっても大事な時期。でも、過剰な早期教育は子どもにとって負担になり、かえって子どもを疲弊させます。

●「脱よい子」を目指そう

「親の前でいい子になる」のは、「あるがままの自分を出せない」という、子どもからの危険サインです。

●いい子を続けると、「自分らしさがない」大人になってしまう

いい子を続けると、「自分がなにをしたいのか」がわからなくなり、就職など進路を決めるときに大変悩みます。ありのままの我が子を受け止めてください。

●家庭での会話が、学級崩壊を防ぎます

目と目を見つめあって会話しましょう。「自分は認められている」という安心感が子どもの心を安定させます。

第２章

子どもの心を育てるために

スキンシップをしよう

チンパンジーもスキンシップで

スキンシップが大切――。

私たちは、何度この言葉を耳にしたことでしょうか。もう耳にタコができてしまっている人も多いかもしれませんね。

実は、動物にとってもスキンシップは、親子の絆《きずな》や信頼を形成するのにきわめて重要な役割を担っているのです。人間の言葉を理解し、数字を記憶できるチンパンジーとしていまでは広く世界に知られているチンパンジーのアイちゃんの出産と子育てについて、五月五日のこどもの日にNHKテレビで紹介されたことがあります。

私はこのアイちゃんの子育ての姿から、人間にとっても心が育つ過程でいかにコミュニケーションが大切かを教えられました。

私が驚いたり、感心したことがいくつかあります。

その一つは、子育ては生得的な本能の側面と後天的な学習成果の領域が複雑に重なっていることを知ったことです。

アイちゃんは一歳のときに京都大学霊長類研究所にやってきて、他のチンパンジーの子育て風景を「見学」したことがないのです。そこで、二十四年間もアイちゃんにつき合ってきた京都大学教授の松沢哲郎さんは、アイちゃんが赤ちゃんを抱くことができないのではないかと本気で心配して、出産直前から、人形を使って抱き方を教えました。

実際に出産してみると、案じた通りやっぱり抱っこは逆さまです。松沢さんはすぐに身をもって教えました。すると、アイちゃんはやっと正しく頭を上にして抱けるようになり、生まれたての赤ちゃんは二十時間以上も経ってからようやくお乳も飲めるようになりました。こうして、アユム君と名付けられたオスのチンパンジーの子どもはすくすくと育ったのです。

「子育ては、学習文化なんだ！」

私は、一種の感動を覚えながら画面を見つめてつぶやいていました。

二つめは、「新生児微笑」がチンパンジーにも見られることを知ったことです。人間の赤ちゃんが生後二、三ヵ月を過ぎると、口もとをニッと動かして「ほほえみ」を示すことを親ならだれしも体験します。

そのほほえみを見せつけられると、思わずほっぺを突ついたり、抱きしめたい衝動に近い愛情が親の心の中心部に突き上げてきます。こうして、我が子への愛が親の方に確実に形成され始めるのです。

赤ちゃんからすれば、自分に愛情をたっぷり注いでもらうための本能的な作戦なのでしょうか。自分がニコッとすると、親は喜んで抱きしめ、ほほえみ返し、話しかけてくれる。しっかりスキンシップしてくれる快感を積み重ねて体験する中で、一つの行動パターンとして学習し、習得していくようです。見事な学びっぷりです。

三つめは、「高い、高い!」のスキンシップ(あやし行為)がチンパンジーにもあることを映像で見たときです。まったく人間の子どもと同じです。両手で高く持ち上げられると、赤ちゃんは大喜びするのです。母親もちょうど育児ストレスがたまる時期ですから、体を動かして我が子を「高い、高い！」することによって、ストレスの発散になるようです。どうもスキンシップは、大人から子どもへ一方的に愛を伝えるためだけの所作というわけではないようです。

親にとっても、子どもの喜び様を目の当たりにすることによって、疲れていても心にムムッと元気が湧いてくるのです。こうして、親もまた子どもからたくさんの愛をもらっているのです。だからこそ、過酷な子育てにも耐えることができるのでしょう。

ですから、スキンシップの仕方を知らなければ、子どもが愛情不足に陥るだけではありません。お母さんの方もほほえみをもらえなくて疲れてしまうのです。お母さんの心もふくよかに育っていかないのです。

では、私たち人間の子育ての現状はどうなっているのでしょうか。最近のお母さんたちの子育て事情を眺めてみましょう。

エッ？　新生児に話しかけるの？

保育園や幼稚園でお母さん方のお話をうかがうと、まだまだギョッとするようなエピソード（?）に事欠きません。

北も北、北海道の最北端の宗谷にうかがったときの話です。先生たちを中心とする研究集会で「子どもの危機の実態と本質」について九十分ほどの講演をしました。終わったのは夕方ですが、東京への直行便にはもう間に合いません。そこで宿をとることになったのですが、せっかくの機会だからというので、夜、実行委員の先生たちと懇親会を持つことになりました。いわば飲み会です。

参加者はほんの七、八名。中心になってがんばってこられた先生方が主でした。

私の講演をネタに、子どもの変化や地域、親の大変さから、北海道の大自然の中での車通勤に伴う地吹雪の恐ろしさ、キタキツネと遭遇したエピソードなど、話は多方面に広がってノリノリです。

ちょうど宴もたけなわになったころ、話題はいつしか家庭のこと、我が家の子育てのグチに移っていました。おいしい鍋料理の匂いが充満して、狭い部屋での盛り上がりは最高潮です。そんな折も折、私の左隣に座った三十代半ばの女性の先生が、こんな話を始めたのです。

「いえね、尾木先生、私は三十歳で初産だったんです。ちょうど隣のベッドの女性は、二十五歳なのに第二子の出産だったんです。二人とも無事に元気な赤ちゃんを産みました」

「新生児室で母乳を与えたり、おしめ交換のときのことなんですが、ギョッとしてしまったことがあって……」

私はホロ酔い加減も手伝ってか、そうその若いお母さんがまたとんでもない赤ちゃんの扱い方をしたんでしょう、と心の中で彼女にあいづちを打っていました。

ところが、です。

逆だったのです。先生の口からは、思いもかけない事実が語られることになったのです。

「……ひょいと気がつくと、隣の女性ったら、おしめを替えながら赤ちゃんに話しかけているんですよ」

私は、彼女の話をここまで聞かされても、彼女が何を言いたいのかサッパリわかりませんでした。鍋の熱気にかなり当てられ気味になっていた私は、カニとキュウリの酢の物に箸をつけていました。

「だって、生後間もない赤ちゃんですもの。話しかけたって聞こえるわけではなし、意味だってわからないじゃないですか。もうびっくり。でも、よく聞いてみると、そうやって赤ちゃんとお母さんのスキンシップをするんですってね」

彼女の話をここまで聞いたところで、今度は私の方こそ腰を抜かさんばかりに驚いてしまったことは言うまでもありません。

「ウッソ〜！　先生、本気でそんなことにびっくりしたの？　本当に知らなかったんですか」

やや詰問調で、私は思わずその先生の顔をまじまじと見つめて言いました。酔いも冷めんばかりの衝撃でした。

「だって、どこでも習わなかったんですもの」

私の反応にびっくりしたのか、彼女は弁解に努めました。

「先生、もうアキちゃいました」

北海道だけの話ではありません。今度は、長野県のある私立保育園の園長が、私にしみじみと報告してくれた話です。

園長は、帰りのお迎えに来たお母さんが、一人で黙々と赤ちゃんのおしめを替えている姿を発見。近寄っていき、こうアドバイスしたそうです。

「○○ちゃんのお母さんね。おしめを替えるときは黙ってやるんじゃなくてね、『今日はお迎えに来るのが遅くなってごめんね。急いで帰りましょうね』なんて話しかけてスキンシップすることがいちばん大切なのよ」と。

その後一ヵ月ほど経ったときのこと。

このお母さん、園長先生の姿を見つけると、

「先生、私もうアキちゃいました」

と言いました。園長は意味がよくわからず、その理由を尋ねました。すると彼女は次のように答えたというのです。

「だって、先生、毎日毎日『今日はお迎えが遅くなってごめんね。急いで帰りましょうね』なんて言ってるんですもの。飽きちゃいますよ」

この彼女、実は夫婦ともに県立高校の数学教師なのです。

二人の女性の先生の子育てエピソードからわかることは、いまやかつての子育て〝常識〟はほとんど吹き飛んでしまっているということです。そのお母さんの知性や教養とは無関係に、子育てにおけるスキンシップの重要性など何一つ理解されていないのです。生活の中での母と子の心のふれあい、肌のふれあいの大切さについて、まったく無頓着といっていいのです。

スキンシップの大切さは、なにも乳幼児期だけではありません。

口もとにうっすらと髭《ひげ》をはやし始めた男子中学生だって、心の奥底では肌のふれあいを求めているのです。もっとも、思春期の男の子ですから異性である母親は避けたがるのが普通です。父親や男性の先生、スポーツクラブの男性コーチなどとの取っ組み合いのじゃれっこや腕相撲などは、男の子にはときには必要なのです。

茶髪でかっこつけて問題を起こしがちな子など、「ダメよ！　○○君、こっちへいらっしゃい！」などと美人の先生にグイッと手を握って引っぱられると、うれしそうに従ってしまうことも珍しくありません。このような母性的な肌のふれあいを叱咤《しった》という形でさえ子どもたちは求めているのです。それだけ乳幼児期にスキンシップで受けとめる母親の愛情が不足していた証拠なのかもしれません。

「気持ち悪いよ。手を離してくれよ」

などと女性の先生の手をふりほどこうとする子は、小さいころに母親のスキンシップをたっぷり受けて育ってきた子です。

中学生でもこうなのです。ましてや小さな子はなおさらです。

お母さんの胸にしっかり抱かれて、安心しておっぱいにしがみつく。お母さんの背中で揺られながら深い眠りにつく。お母さんが抱っこしながら大きな瞳を見開いて語りかけてくれる——こんな肌と肌のリアルなぬくもりと安心体験が多ければ多いほど、子どもの心は安定します。

心が安定した子どもは健やかに育ち、他者への思いやりも豊かになります。自分の殻を破ってどんな困難にも挑戦できるパワーが、母親や父親に見つめてもらっている安心感の中から生まれてきます。

私たち親は、スキンシップしているときの赤ちゃんの心地よさそうな表情をしっかりと自分の脳裏に刻みたいものです。

子どもが育つ前に親が自分を育てよう

お母さんが変われば子どもも変わる

今の子どもたちは、自己中心的でワガママ、社会的モラルが欠如している、はたまた生活習慣がなっていない、ひきこもりがちでケータイメールやゲームばかり、コミュニケーション力にも欠ける——。

現代の子どもや若者を批判するこれらの特性は、どれもたしかに当たっていると認めざるを得ません。

しかし、いったい子どもたちにその責任はあるのでしょうか。

私は、一つもないと思います。どれもこれもすべて大人社会の反映であり、大人の責任なのです。先にこの世に生まれ出て、社会を形成し、家庭を築き、地域に生活しているのは大人の方だからです。子どもたちは、時間的にも生活空間的にも、後からこの世の中に登場したにすぎません。

さらに、子どもたちが自分の意思を十分に表現できなかったり、しないのをいいことに、私たちは子ども問題を「子どもの問題」としてあまりにも一方的に決めつけすぎです。その極めつけは、「奉仕活動」を義務化すれば「心」を育てられるだとか、「改正少年法」で罰則を厳しくしさえすれば凶悪事件が減るだろうとする考え方です。あるいは、「問題を起こす子どもへの教育をあいまいにしない」（「教育改革国民会議」）などという表現の奥にも、子どもを単に攻めたてるだけの大人の一面性が垣間見られます。

むろん、子どもたちの自己責任能力を育成することは私たち親の責任です。しかし、この課題にしても、そのためのプログラムを持ち、実践していく責任は私たち親にあります。子どもの側ではありません。

例えば、最近の親たちは、近所付き合いが大の苦手です。九〇年代半ばには「公園デビュー」という言葉がはやったほどです。ある新聞投書欄には「近所付き合いが苦痛の種」と題する相談が寄せられていました。こんな内容です。

大きな団地に暮らす二十代の主婦。家庭に不満はなく、子育ても楽しんでいますが、唯一の苦痛の種が近所付き合いなのです。同じ主婦仲間たちは、私が外出するたびに「どこへ行くの」と聞き、帰ってくれば「どこへ行っていたの」と尋ねてきます。しまいには、私の車がきょうはあったとかなかったとか、我が家の洗濯物が少ないとか、いろいろ干渉してくるのです。まるで江戸時代の関所のようですが、質問にいちいち答えるのは本当に疲れます。

彼女らには他人の自由やスケジュールを尊重するという考えは見られず、私はここにいるのが嫌でたまりません。かといって、どこかへ引っ越すのは経済的にままなりません。何かいい案はないかと毎日悩んでいます。アドバイスをお願いします。

このように親自身が深刻な問題を抱えているのです。ですから、子どもの責任だけを問い、子ども〝対策〟にどれだけ腐心したとしても、逆に子どもたちを追いつめるだけでしょう。かえって事態を悪化させかねません。

では、私たち親の側の発達課題・問題点とはいったい何なのでしょうか。大きく三つに整理できるように思います。

それは、第一には社会性の問題です。自分中心主義、ワガママと表現してもいいかもしれません。あるいは、モラルの欠如の問題です。

第二には、家庭生活のあり方の問題です。生活の場としての家庭が、果たして規律ある活力あふれる場になり得ているのかという問題です。そこに親が〝生活〟しているのかどうかが問われるところです。第三には、地域生活の状態です。いったい、地域の一員としての実感が湧く生活を営めているのかどうかです。地域性が欠落した状況での子育てなど不可能だからです。

これら三つの問題点を「子どもが育つ前に、まず親が育ちましょう」という視点でとらえてみましょう。〝子育ては、親育ち〟であることが浮き彫りになることでしょう。

①自己中心＝〝私事化〟から脱出しよう

ある日のこと。妻は一人で実家に帰っているし、子どもたちの朝食の準備の買い物にと近所のコンビニに出かけました。

出かける、といってもすぐ目の前です。井の頭通り沿いにあります。この通りは、片側一車線ずつの狭い道路。そのわりに交通量が多く、すぐ近くの扶桑通りとの小さな交差点では、これまでに三人もの死亡事故が発生しています。

コンビニには駐車場があるのに、入るのが面倒なのか、出車の際にわずらわしいのかは知りませんが、平気で路上に駐車する人が後を絶ちません。だから、交差点で左折する車にはそれらが障害物となって、気が散ったり見通しが悪くなるのです。事故多発の誘因にもなっているようです。

ところが、その朝もコンビニ前の路上には四トントラックが止まっていました。

「ああ、迷惑駐車だな。どうしてあと数メートル走って左折して駐車スペースに止められないのか」。私はムッとし、怒りをかみしめて向こう側へ渡ろうと左右の車の流れが途切れるのを確認しながら待っていました。

すると、私の立っている方の車線を走ってきた一台の乗用車。これが、なんとコンビニ前の路上の反対車線に止まったのです。中から女性が降りてきて、左右をキョロキョロと忙しそうに見やりながら店内へと吸い込まれていきました。さすがに運転手は車中で待機。見るとこれもまた三十代の女性です。

たちまち両車線とも車で渋滞。私もなかなか反対側に移動する機会がつかめぬまま。仕方なく横断しやすい信号の方へ歩き始めました。

こんな光景は、ここに引っ越してきて以来、〝日常的〟に見られます。車内に子どもを乗せたままで車を止めているケースも珍しくはありません。

こんな危険極まりない〝自己中心〟主義は許せません。これでは、子どもの教育が成り立ちようがないのです。逆に、モラルの欠如した感性や心を養うことにつながりかねません。

このような「危険」は伴わないものの、いま思い出してもムッとするような光景に出くわしたのは、スキー宿でのことです。

我が家は毎年、ファミリーでスキーを楽しむのを恒例としています。おかげで二人の娘たちは、私の一級の滑りの技術を超えて楽しんでいます。妻も、ファミリーのトレインに遅れればせながらも何とかついてきます。スノボー人気に押されていても、やっぱりスキーは楽しいものです。

この例年のスキー旅行の中で私が大切にしてきたのは、社会的モラルを子どもたちに伝える絶好のチャンスととらえて宿泊することでした。普段のだれきった家族だけの生活空間から一転して他者と交わり、生活を共有する世界に入れるだけに、食事のマナーから歩き方、靴の脱ぎ方、立ち居振舞いに至るまで、一つ一つのことを口先だけの意味の伝わらないしつけとしてではなく、私たち日本人の生活に根ざした「伝統文化」として伝えることができるからです。その意味で、このようなファミリー旅行ほど便利な学習チャンスはないのです。

話をムッとしたファミリーのことに戻しましょう。

長野の白馬乗鞍温泉スキー場でのことです。

さあ、今朝も張り切って滑るかと、気分良く私は一階の食堂に降りていきました。若者の多くは、いつでもゲレンデに飛び出していけるようにスキーウェア姿でテーブルに着いています。私などの年配者は、食後の一休みを大切にしたいのか、ラフな普段着姿の者も目立ちました。バイキング方式ですから、私は和食のなるべく低カロリーのメニューを選んで皿に取り、席に着きました。

すると、三十代後半くらいの夫婦に幼稚園児と小学一、二年生くらいの二人の子ども連れの家族が、私の向かい側に一列に並んで席を取りました。

「おお、かわいいなぁ」

子ども大好き人間の私は、思わず頬がゆるみました。ところが、です。どうも様子に違和感があるのです。

差別的な意味ではありませんが、このファミリーは両親も含めて、全員が冴えない顔なのです。ボサーと、だらしないのです。どうしてかな？　と改めてよーく眺めて見て、理由に気づいてびっくり。

家族全員が寝起きのままの姿だったからです。子どもだけではありません。お母さんまでがパジャマ同然の姿。おまけに髪はボサボサ。黒いゴムで束ねてはいるものの、だらしなくはみ出していて鳥の巣状態。洗顔もしていません。

私は気持ち悪くなりました。「ここは自分の家じゃないんだ。顔ぐらい洗って、髪をとかし、洋服を着替えるぐらいはしたらどうなんだ」「自分の家でも、すぐに顔ぐらい洗うだろうに」。

私の心の中はイライラ状態です。そのうちに二人の子どもたちがお皿を持って、列を作っている宿泊客たちの中に割り込んでいきます。移動する際は、必ず走りまわるのです。

私はガッカリしてしまいました。本来ならせっかくの社会教育の場が、まるで機能しなくなっている日本の現代社会の一面を見せつけられた思いでした。

そういえば、なにもスキー場だけではありません。最近の電車の中の光景を思い浮かべて下さい。車内で化粧する若い女性などいまや普通。ハンバーガーやお菓子類はおろか、にぎり寿司やおにぎりをほおばる――それも立ったままで――中年の男性たちの姿も珍しくありません。奇異のまなざしで見つめるこちらが変わっているのか、時代遅れなのかと自信喪失に陥りそうになります。

このように、公衆の中にもかかわらず〝私事化〟してしまった私たち大人社会の生き方は、子どもたちに他者、特に大人たちの〝刺すようなまなざし〟を意識させなくしてしまったようです。つまり、公衆の中にいても我が家同然なのです。

このような生活スタイルからは、社会性や社会的モラルを身につけさせることは不可能です。極論すると「他者の目」を気にする中からモラルは息づきます。公衆の中にあってもなんの緊張感も持てないような生活を送らせることは、人を思いやる心を育てることにはつながりません。

②家庭としての生活力づくりを大切にしよう

先に触れたような自己中心的なホテルでの朝食風景がくり広げられた最大の理由は、おそらく日常の家庭生活を公衆の中にそのまま持ち込んだからでしょう。つまり、このファミリーの場合、家庭での生活そのものが、このホテルでの朝食と同じだということです。

これでは、親の日常の生活力そのものが問われることになります。最近では二十四時間営業のコンビニが盛んになり、家庭における基本的な生活習慣そのものが崩壊しつつあります。食事を作らないのは当たり前。包丁やまな板さえない家庭も珍しくありません。冷凍食品を電子レンジで解凍して口にするのです。「チンして！」という幼児語が早期に習得されるという保育園からの報告もあるほどです。

生きる土台としての家庭生活を親自身がどうつくるのかということが大きな課題といえます。

ただ単に会社に出かけたり、パート労働で生活費を稼ぐ、そして子どもに食べさせるだけでは、家庭の文化や子どもの生活力、自律の力を育成することはできないのです。

朝、起床してから朝食までをどう動くのか、ここにも幼児教育の素材がぎっしりつまっているのです。靴をどちら向きに脱ぎ、スリッパをどう置くのか。雨で濡れた傘を丁寧に乾かして、手早くたたんでしまうなど、日常生活に付随する行為のすべてが、子どもにとっては学習の対象です。

これら生活力が不足した両親の下からは、同じような行動スタイルの子どもしか育ちません。また、この行動スタイルの底を流れている、その節々の感性＝心は、きわめて貧弱なものにしかなりません。ここを放置したままで、情操を豊かにしたいと絵画教室やピアノ教室に通わせてもスキルを習得できるだけです。その「心」は育ちようがないのです。

生活全般を通して身についた動きが血肉化されていてこそ、美術や音楽や自然との触れ合い、人々とのコミュニケーション場面などのすべてが有機的に作用するのです。

その意味では、まず親自身の生活スタイルを見直しましょう。そして、無理せず、自分も楽しみながら、一歩ずつ向上したいものです。子どもがしっかりしてくる四、五歳にもなれば、子どもと共につくる気持ちで、生活力を豊かにして下さい。

小学校に進むようになると、この生活力がパワフルに発揮されることに気づくはずです。友達関係力にしても、自己表現能力にしても、困難へのチャレンジ力にしても、すべてこの日常の中での心と身体の動きの力強さが物を言うのです。

③地域に生きることを大切にしよう

ところで、①と②で述べてきたことをいかに立派にこなしても完全とは言えないのが子育てのむずかしさです。

つまり、子育ては個別の家庭や親だけで担えるもの、完成するものではないということです。地域の共同の仕事だからです。

今日の家庭における子育て機能の低下や喪失状態も、背景には地域の子育て機能喪失が大きくかかわっています。

母親のAさん、父親のC氏がどれだけ子育ての知識や情報を持ち、社会性の習得や家庭での生活力の育成に心掛けたとしても、簡単にはその努力が報われません。花開かないのです。

かつてのように親を通した子育てパワーよりも、今日のグローバリゼーションはITを駆使し、テレビ映像も含めて、すさまじい勢いで子どもたちを囲み襲いかかっています。ですから、今日の子どもたちは家庭以外からの影響力を大きく受けながら成長してしまうのです。

とくに地域の共同性が弱いと、その分だけ生活や人間関係のリアリティに欠けますから、バーチャルな情報がまともに子どもの心を左右することになるのです。

私たちは、文明の発達そのものを止めるわけにはいきませんから、それらの良さを生かすためにも、各家庭のリアルな生活のあり方とともに、地域の共同性が子どもにも具体的に見える形で常に働きかけている社会をつくらなければならないのです。地域づくりなくして家庭教育は成り立ちません。

ですから、私たち一人ひとりが、地域の住民として自分の居場所をはっきりと自覚できているかどうかが問われるのです。自宅が単なる寝場所、ホテルと化していないかどうかチェックする必要があります。

とくに男性の場合は、地域でどういう顔をして日常生活を過ごしているのかという問題は重要です。つまり、会社でだけ自己実現している〝仕事人間化〟していないかどうかの重要なリトマス試験紙の役割を果たすからです。

会社での肩書きのほかに、地域での肩書きも一つや二つは持てるような地域生活を営むことが大切です。そうしてこそ、本当に自分らしい自分を持った人生を過ごすことができるからです。

そういう自己のアイデンティティを確立できた大人たちが共同・共生している地域こそ、子どもの心を育て、家庭の教育力を支援できる社会といえます。

一人ひとりが受け身ではなく、自ら参加する地域社会を作っていくことが、それぞれの家庭の子育てと子どもたちのモラルを回復することに必ずつながるのです。

友達と遊ぼう

ところで、遊びはなぜ楽しいのでしょう。子どもの発達にどんな意味を持っているのでしょうか。

この問いかけは、親が子どもの遊びを見守るうえでとても大切だと思います。少し整理してみましょう。

集団遊びのパワー

一人遊びも必要ですが、集団遊びは集団でなければ得られない成長の力を持っています。まず何よりも、一人では遊べなくて絶対に他者（友達）を必要とすることを体験すること自体の素晴らしさです。人間は一人では生きていけない社会的な動物であることを実感させることができるからです。そこには当然ルールが必要になり、遊びであっても必ず勝ち負けが伴います。

勝者となったときの満足感、達成感。逆に敗者となったときの悔しさと怒り。いずれもが、強い感情表現とともに感じとれます。この緊張感がまた子どもの心を刺激します。その直後にやってくる結果による解放感も、その前の緊張感が大きければ大きいほどインパクトが強力になります。

何回チャレンジしても負ける——そういう挫折体験が少年期には貴重です。また、苦労の末についに勝利したときの自信も力になります。快、不快、達成感、挫折感、緊張感、解放感——これらの相反する感情体験は、子どもたちの心を豊かに育てます。

少し努力すれば得られる充足感という味わいも、努力心や自己信頼感を形成します。全体として、心の足腰を鍛えてくれるのです。他者とのかかわりの中で、人間への信頼感を培っていくことでしょう。

これが異年齢の集団のかかわり、遊びになれば、さらに素晴らしい宝物を得ることができるのです。つまり、いい意味での上下関係です。そこには、遊びのスキルの伝達や習得だけではなく、年長者が若年者をかばったり助力するという、他者を思いやる心配りが生まれるからです。その配慮がなければ、異年齢集団での遊びは成立しません。面白くありません。それは、ハンディを許容したり、小さなミスをわざと見逃す行為であったりするものです。ルール通りでない関係づくりもまた子どもたちの知恵の一つです。

また、計画性が身につくことも集団遊びの良さです。一人遊びと違い、いろんな困難とともに計画性が要求されます。計画を生かすためにはわがままは許されません。一定期限までに習熟しなければならない場合も生じてきます。しかし、「今度は勝ちたい。○○ちゃんをしのぎたい」という意欲がスキルを習得させ、子どもたちが向上・前進していく意欲をかきたててくれるのです。

「子ども世界」の保障

子どもたちが、大人から邪魔されないで自分たちだけでルールを決め、トラブルを解決していく〝子ども世界〟がどうしても必要です。昔は、大人の知らない〝子ども世界〟が地域には必ず存在しました。そこで子どもは鍛えられ、学び、成長していったのです。

遊びは、この〝子ども世界〟をつくりやすくしてくれます。この子ども世界では、学校での勉強ができない子どもでも、それぞれの遊びの〝天才〟であることを知らしめてくれます。

この認識が、子どもたちに人間の多様性や個の価値を教えてくれるのです。遊び文化がなければ、子どもたちの力を判断できるのは、学校の成績や学校の価値観（文化）しかなくなってしまいます。学校の成績や教師の評価が、そのまま子どもたちの友達に対する評価を決定づけてしまうのです。

これでは、いかに学校で個性化・多様化を推進しようとしても、自分で足元を崩しているに等しいといえます。ところが、子どもたちに遊びさえ保障すれば、大人がタッチしなくても、子ども同士の関係性だけで豊かに育つのです。

これらを考えても、遊びは子どもが発達・成長するための土台といえます。

乳幼児こそ遊びを

とくに乳幼児にとっては、遊びこそすべてです。遊びを通して、表現力としての言語力や分析能力、総合力、見通し能力、忍耐力、身体能力（運動力）、協調性、計算能力、科学する力、問題解決能力などあらゆる学力や生きる力、人格、そして心が育成されます。このように幼児にとって遊びは「命」ともいえます。

ところが最近は、授乳時期からテレビを見ながらの「テレビ漬け」お母さんが多くなっています。ご自身がテレビっ子で育ったせいでしょうか、テレビに対してあまりにも無防備なのです。

言うまでもなくテレビ映像と音声の刺激は強烈です。しかも一方通行で、常にたれ流し状態です。

現実とのリアルな対面関係がほとんど結ばれないままで、テレビなどの一方通行のみの映像文化の中に我が子を放り込んでしまうことはきわめて危険です。立体的に入り組んで行うコミュニケーションスキルが身につきづらくなるからです。長時間視聴の園児ほど集中力に欠けたり、パニックを起こしやすいという研究データもあるほどです。

これでは、次のような変化が心配されるのはごく当然といえます。

●自己抑制力が育たない。集団遊びが成り立たない。

●自分中心でないとカーッとしてなぐる蹴るなどの行動に出てしまう。
●友達と遊べない。
●指しゃぶりをする。
●砂に触れない。
●力加減がわからずに手を出したり、周りの状況を見ずに急に行動し、友達にぶつかったりと危険な子が増える。
●トラブルがあると泣いたり、言いつけることで解決しようとする。
●自分の好きな遊びが特定されない。
●仲間と遊んでいても、大声を出したり、すぐに手が出て争いになり、仲直りできない。
●自分の好きな遊びを見つけられる子が多い。その反面、周りの友達の動きが気になり落ち着かない子もいる。
●カッとなり、つかみかかり、相手を傷つけてしまう（ひっかく、かむ。二歳ぐらいに多い行動）ことがある。
●集中して遊ばない。

●自分のやりたいことに集中して楽しめる子と、それが見つけられずに保育者にくっついてまわる子との差がある。
●自分の思いをうまく言葉で伝えられず、手や足が出てしまう。
●〝遊び〟と〝本気〟の区別がつかない。こわす、やっつけるという内容の遊びが多い。作りあげる遊びが少ない。
●友達との接し方が下手で、遊んでもらいたいことを、叩いたりすることで表現している。すぐ遊びにあきて、次々にただ動きまわる子も多い。乱暴を乱暴と思わない子もいる。
●突然、物を投げたりする。

これまでに見てきた子どもたちの特性は、むろん昔ながらのすばらしさも指摘されているものの、圧倒的多数は子どもの発達の危機を示しています。

●集中できない
●ルールを守れない

●挑戦心がない
●話を聞かない
●イヤなことはしない
●自分の世界に入ってしまう

これらのどれをとっても、前に述べた「子どもが遊びを通して獲得する」要素ばかりが欠けているのです。逆に言えば、遊び体験を乳幼児期にしっかり積ませることができれば、子どもは自分の力で豊かな心を育てていくことができるのです。集中力があり、忍耐心も強く、人の話をよく聞き、イヤなことにも挑戦し、ルールを守り、みんなと協同できる子どもに育つのです。

ぜひ、もう一度子どもの遊びを見直してみましょう。

心を育てる叱り方

「子どもをうまく叱れない」親たち

ある日の新聞の「人生案内」欄に若いお母さんの次のような相談が載っていました。我が子の叱り方がなかなかむずかしいようです。

二十代の主婦。一歳十ヵ月になるうちの子は落ち着きがなく、物事に集中できず、ささいなことですぐ泣きます。最近は特に生意気になり、言うことを聞かず、私は怒ってばかりです。

先日も泣きやまない子どもの顔に、座布団を数回投げつけてしまいました。それでも泣きやまず、私は子どもをどなり続けました。

こんな叱り方ではいけないとわかっていますが、ちょっとしたことで感情的になり、母親失格だと思います。子どものためになればと思い、体験保育や児童館の行事に進んで参加するようにしていますし、悩みごとなどがあると友人にアドバイスしてもらっています。

でもこのままでは、いま以上にひどいことをしてしまう気がするのです。どうしても冷静になってうまく叱れません。どうやって子どもに接してやればよいのでしょうか。

現代の親にとって最もむずかしいのが、我が子の叱り方です。これには歴史的な背景が潜んでいます。なぜなら、今日の親のその親たちも、あまり上手に叱られて育ってきていないうえに、そのまた上の親たちは、戦前の家父長制を廃して、民主主義的な社会システムへと全面的な転換をしたばかりの子育て世代であるために、叱り方が新時代にふさわしくこなれていませんでした。ですから、「子どもの叱り下手三世代目」が今日の親ということになるのです。

とくに親子関係が「上下」から「友達親子」へとシフトすることによって、家庭内の父親の地位と権威を確保してきた戦後世代の男たちにとっては、理を通してきちんと「父親として叱る」という経験がほとんどありません。これでは、母親も上手に叱れなくなります。我が子に激しく怒りをぶつけるだけに終わり、それがときとして虐待へとつながりかねないのも無理からぬことです。

内閣府が二〇〇七年三月に発表した「低年齢少年の生活と意識に関する調査」では重大なデータが示されています。

保護者の回答が深刻なのです。

「子どもの気持ちがわからない」——二四%、「子どもが何に困っているか、悩んでいるかを知らない」——四九・三%となっています。

子どもの気持ちがわからなければ、当然「子どもが何に困っているか、悩んでいるか」わかるはずがなく、目の前のことだけでやみくもに叱ることにもなりかねません。現代のお父さん、お母さんの子育て困難は大変なものです。

しかし〝親になったが運のツキ〟です。みなさんとご一緒にじっくり考えていきましょう。

お母さん、叱りたくなったら深呼吸を！

お母さんたちは、子育ての方法の一つとして、叱ることをどのようにとらえていますか。〝叱るよりほめましょう〟とよくいわれますが、〝叱らなければ生活していけないわ〟と思っている方も多いのではないでしょうか。実際、叱ることは悪いことではありません。子どもを育てていくうえで欠かせないことですらあります。ただ、叱り方に問題があるのです。

心に響くステキな叱り方であれば、子どもは叱られることだってうれしいのです。

子どもにかかわる時間は、決してお母さんだけが責任を負っているわけではありません。むしろ、子どもを取りまく環境全体に、叱りたくなるような子どもの問題の背景的要因が潜んでいる場合が多いのです。ですからお母さん、自分だけを責めないで子どもと向き合っていきましょう。

みなさんは、どのようなときに子どもを叱っていますか？　まず、思い出してみましょう。ここに、お母さんたちから受けた相談の中から、どうしても叱ってしまう八つのケースを挙げてみました。みなさんにも、あてはまるものがあるのではないでしょうか。

①生命の危険がある行為をしたとき

生活の中には、危険がいっぱいです。道路でのんびりと遊んでいれば車が通るし、雨の降る中を走っていると、転んで頭を打ってしまうかもしれません。ほかの子が遊んでいるブランコに近づけば、はねとばされて危険です。考えたらきりがないほど、ささいなことでケガをしたり、相手に傷を負わせたりしてしまいます。ですから一日をふり返って、叱りっぱなしだったと後悔することだってあるわけです。

②約束事を守らなかったとき

何度も何度も話し合って約束したことを破られたら、頭にきて当然というものです。

③生活習慣が崩れたとき

おやつばかり欲しがる、食事をきちんととらない、朝いくら起こしても起きてこない、夜遅くまでテレビゲームをしていてなかなか寝ようとしないなど、子どもと接していると、毎日何度言っても聞かないことがたくさんあります。しかも、夜更かしをすれば朝起きられなくなるなど、悪循環の繰り返しです。

④社会生活のルールを守れなかったとき

〝おはよう〟〝ありがとう〟〝ごめんなさい〟などの言葉は、人と気持ちよく交流する力をつけるために必要不可欠です。こうしたあいさつができないと、親としては気になってつい叱ってしまいますね。

⑤親が思っているように我が子ができなかったとき

子どもの発達の速度には個人差があります。親の望みが高すぎて、子どもの発達がそこまで到達できないことも多いと思います。特に幼児期は、育児書どおりに発達していないと、親は不安でイライラして叱るものです。

⑥勉強が遅れたとき

学校に入ると、成績というやっかいなものが出てきます。その結果が悪いと、いろいろ文句を言ってしまいます。気にしないで……と言っても無理でしょうが、その結果の数字だけがその子のすべてではないことも確かなのです。

⑦弱い者いじめをしたとき

弱い者とは、弟、妹、友達、ハンディキャップを持っている人です。ペットなどもあてはまりますね。いじめは、人間としていけないこと。叱るのは当然です。

⑧親の精神状態が不安定なとき

経済的な問題で悩んでいるときとか、ご主人が浮気したとか、仕事で失敗したなど、親の方に大きな困難があるために、子どものなんでもない行為をつい叱ってしまうことがあります。これは子どもに当たっているだけで、叱るべき正当な理由はありません。

叱り方を間違えていませんか？

叱り方には、大きく分けると四つの方法があります。①怒鳴る、②痛い目にあわせる（体罰）、③ペナルティーを与える、④人間として認識させる、の四つです。

近ごろは、②の体罰がいちばん多いようです。子どもへのアンケート調査では、叩かれたことのない子どもは十数％にすぎません。そして、お母さんはといえば、悩みながら叩いているのが特徴です。

次に多い叱り方が①です。小学校の先生は、騒いでいる子どもたちに静かにするように伝えるとき、やさしく小さな声で話しかけると、子どもたちは言うことを聞かないといいます。けれど、怒鳴ると、先生の方をスーッと見る。ふだんから怒鳴られることに慣れているために、やさしい声には反応しなくなっているようです。

アンケート結果を多い順に挙げると、②①③④となります。いちばんよいと思われる④の叱り方が、いちばん少ないのは残念なことですが、なにもお母さんにだけ原因があるのではなく、むしろ子どもをとりまく環境全体が問題といえましょう。

怒鳴る、体罰（叩く、つねる）、罰を与える（おやつを与えないなどのペナルティー）といった叱り方が、子どもをどのような精神状態に追い込んでいるのか、冷静に考えてみませんか。

●恐怖心の強い子。家でよく叩かれている子どもは、幼稚園や学校で先生が「よくできたね」と頭をなでようとして手を差し出すと、反射的にその場から逃げたり、自分の手で頭を防ごうとします。

●親の顔色をうかがう子。

●自分の不安と恐怖からくるストレスを、他人に向けて発散する子。家で叩かれている子はいじめっ子になるとよくいわれますが、たしかに力で押さえつけられている子は、自分より弱い者にストレスをぶつけ、やがてそれが〝いじめ〟の土台をつくってしまいます。

●動物や植物を大切にできない子。植物を平気で踏みつけ、動物を叩いたり、石を投げたりします。

●攻撃的な子。たとえば幼いころから親の揚げ足をとるようなことを言い、反発ばかりするようになります。

●集中力が欠如した子。セカセカしていて、じっと座っていられない。先生の話を聞くことができない。入学しても宿題を忘れるなど、忘れ物が多くなります。

●嘘をつく子。叱られないために、よい子でいるためにと、平気で嘘をつきます。

●強者に弱い子。筋が通っているかどうかで物事を判断せず、力が強いか弱いかの関係だけで見ます。

●悪事の現場を見つからなければよしとする子。家でも学校でもよい子のふりをして、陰で悪いことをします。

●協力、共同下手な子。みんなといっしょに何かをすることができません。そして、周りが成長すると、その子だけが浮いてきます。

子どもを叱るのは、愛を伝えるため

いま、多くのお母さんは、それぞれが孤立しながら、いつも「これでいいのかしら」と子育てに不安を抱いています。自分の思うようにいかなかったからと腹を立てたり、イライラして叩くのはよくないと思いながらも結局手を出したり、怒鳴ったりしてしまいます。昔はさまざまな立場、年齢の人々との井戸端会議があったり、家にもおじいさんやおばあさんがいて、いろいろと話をしてくれ、子育てにも安定感がありました。しかし、こんなに家庭や地域の共同体の機能が失われていては、一人ひとりがイライラしますから、たしかに無理からぬ面があります。

しかしその結果として、先ほど挙げたような悪影響を与えてしまうのですから、大きな問題として考えなければなりません。子どもの本当の心や姿が見えるように、お母さん自身も外に目を向け、小学校を卒業したくらいの年齢の子どもを持つ先輩ママに相談に乗ってもらえるような、地域の子育て共同の環境づくりから始めてみることをおすすめします。それだけでもずいぶんと不安は減るはずです。

ところで、お母さんたちは、子どもを叱るとき、いったい何を伝えたいと願っているのでしょうか。つまり、叱る意義の問題です。ここが、正しい叱り方を生み出す土台になります。

親は、叱ることで自分の思いを子に伝えたいと願っています。ですから、叱られたとき、子どもがうれしいと思えたら、それは正しい叱り方になっているのです。

自分を愛し、見守ってくれる他者の存在を確認できるとき、人間は安心できます。うれしいものです。子どもだって、愛されていると実感できれば心がやすらぎ、うれしく感じるものです。

幼児期の子どもでも思春期の子どもでも、孤立がいちばん怖いのです。中でも、自分が一人では生きられないことを痛感するのが思春期ですから、この時期にいじめにあって孤立させられた子どもに、自殺が多く見られるのも当然です。思春期は、子どもが自立するために、親や教師とのそれまでの関係を自分の方から断ってしまいます。断ったものの、まだ自立できていないため、依存対象としての友達関係が不可欠になります。その友達からいじめにあって孤立してしまうと悲劇が起こるのです。

幼児期でも思春期でも、子どもには安心して依存できる場所としての他者が必要なのです。自分を本当に愛してくれている、見守ってくれている誰か――幼児の場合ならお母さんですね。その人から愛されていると感じとることができれば、子どもは叱られてもうれしいのです。

子どもに自信を与える叱り方

叱ることのもう一つの意義は、本人に自信を与えることです。〝なぜ、叱って自信をつけることができるのだろう〟と思われることでしょう。叱るべき行為は、たしかに〝悪〟であるかもしれません。しかし、悪いことをしたと理解できる力と、前進しようとする意思を子どもに与えることができれば自信を生むことになります。

たとえば、ある子どもが、いっさい手は出さず、言葉だけで弟をいじめたとしましょう。その子どもに対して、「いじめたことは悪いけれど、この前に比べたらがんばったわね。だって、口だけで手は出さないで我慢したもの。あなた成長したわね。やっぱりお兄ちゃんね」という認めた叱り方をします。そうすれば、その子どもは心の中で〝やっぱり、やってしまったことは悪い。でも前進したんだ。がんばった部分はこれでよかったんだ。お母さんもちゃんと見ていてくれた〟と思い、自分に自信を持ちます。

こうした叱り方をすれば、子どもは失敗を怖がることなく、自信を持って、むしろ失敗を成長のひとつのチャンスにできるようになります。自分を深め、人間として豊かに育っていけるのです。

ですから親も、子どもの失敗は親の愛を伝える絶好のチャンスだと思って、子どもの失敗を大らかに楽しめる親でありたいと思います。子どもはみんな失敗の天才であることを忘れないでください。

子どもを制御する叱り方

間違った叱り方の例として、操作的な叱り方を紹介しておきましょう。

「〇〇ちゃんはイイコだから」とか「イイコはそんなことしないのよ」とか「言うことを聞かない子は、うちにはきっといないと思うわ」などと子どもを決めつけたり、行動をコントロールする叱り方です。こうした叱り方では、親に対する忠誠心しか育ちません。知的なお母さんが陥りがちな叱り方です。

ある大学生が、「自分のことが自分で決められないんです」と、私のところに相談にきたことがありました。理由をたずねると、「たとえば、僕の母は花が好きなんです。咲いたバラを見て、僕に〝〇〇ちゃん、きれいね〟と言うんです。そのとき僕は即座に〝本当にきれいだね、お母さん〟と答えていたんですが、本当は僕はバラの花はあまり好きではないんです。でも、ふと気づくと、口が勝手にそう動いているんです。だから僕はいま、心の中で一所懸命にお母さんを殺しているんです！」と言うのです。

彼は、大学へ入るときも学部や専攻を決めるときも、すべて母親の言いなりでした。幼いころから成績は抜群で、常にトップ。スポーツもこなし、中学校では生徒会長をしていた〝よい子〟だったそうです。そして、「僕は〝よい子〟を演じてきた。ものすごくがんばったけれど、もう疲れた」と、大学三年生の六月に私のところへ相談にきました。大学三年になってようやく、これまでは演じていただけで本当の自分ではなかったと気づいたのです。

まず「どうしたの？」と聞くこと

それでは、ステキに叱るための五つのポイントを紹介しましょう。

①「どうしたの？」とたずねましょう

「どうしたの？」と聞かれると、子どもはお母さんに信頼されているという安心感を持ち、素直に本当のことを話すようになります。〝信頼されているんだ〟という思いを心に充満させることが大切です。

親が叱るべきだと判断した基準は、一般的にはまず間違っていないものです。けれども最初から〝悪い〟とストレートに押さえつける言い方をすると、子どもはそれが悪いことであればあるほど〝自分はダメな子なんだ〟と思い込んでしまいます。そして、「ごめんなさい」と形だけでも謝れば許してもらえるものと勘違いして、その場を逃れます。

よく子どもの目線で話そうといわれますが、「どうしたの？」と声をかけることが、子どもの目線に立つ前提なのです。

②つらさの共鳴箱になりましょう

「どうしたの？」と声をかけると、子どもは「〇〇だった」と理由を答えます。そして、「いけないと思ったのに、しちゃった」と続けて言います。ここで親が「自分でわかっていればいいじゃない」と言って、失敗した辛さの受け皿になってやると、子どもは素直になり、勇気も出て自分に厳しくなれます。「でもお母さん、やっぱりダメだよ」と、親の言いたいことを子どもから言うようになります。

③悪の中にも輝きを発見する

親は、子どものしたことの悪い側面だけに目を向けがちです。しかし、問題行動の中にも輝きがあることを知ってほしいのです。

私の娘の例ですが、保育園の年長組のとき、コマまわし大会で友達にコマを投げつけてしまいました。保母さんに注意されるわ、お母さんに叱られるわでもう大変な騒ぎ。「もうしないと約束しなさい」と迫るお母さんに対しては、娘は明らかに不満いっぱいで反抗的です。

ちょうどそこに私が車で帰宅しました。私はまず娘に「何があったの？」と聞きました。娘は「コマをぶつけちゃったの」と答えました。私が次に娘に言った言葉は、「でも、コマをぶつけるときに、顔に当たらないように投げたんだもんね」でした。娘は目を輝かせて「うん」と答え、「もう、絶対にしない」と涙を流しながら自分から約束したのです。私は、「いいんだよ、わかれば」と娘を力いっぱい抱きしめました。

子どもは悪いことだと知っていても、やってしまうことがあります。そのとき、相手を傷つけないように手加減するなど、子どもなりに考えていたりします。ですから、子どものした悪いことの中にも理由はあるし、輝きもあるのです。その輝きを見つけてやることができれば、「もうしないと約束しなさい」と言ってもおそらく反古《ほご》にされてしまうような約束をさせなくてもすみます。

そうなれば、子どもは自分から「約束する」と言いだすこともありますし、自分から言いだせれば、しっかり考えながら行動する力も育つのです。それに、大人に対する信頼や愛されている実感が強くなり、もっと自分に厳しくなる力が湧いてくるのです。大人の側から一方的に注入するような「厳しさ」がいいわけではないのです。

④バイパスを確保する

叱るとき、「もうしないと約束しなさい」と力んではいけません。子どもから言ってきたら、「そういう気持ちを聞いてうれしいよ、お母さん。でもね、人間はまた同じ間違いをしちゃうこともあるんだよ。あまり気にしないで」と、逆に逃げ道をつくってあげましょう。

親は、「二度としてほしくない」と願っています。でもその思いだけで子どもの気持ちを縛ってしまうと、またしでかしてしまったときに〝また悪いことをした。おまけにお母さんまで裏切った〟と、二重の苦しみを背負わなければならなくなります。ですから逃げ道をつくってやるのです。

⑤人間性や道理について考える機会にする

お母さんたちの多くは、子どもが何かをした後で叱るという形で子育てをしてしまいます。してはいけないことをあらかじめ教えることはあまりありません。

しかしたとえば「雨の日は滑るから気をつけようね」とか「ごはんを食べる前に、汚いから手を洗ってね」など、日常生活の場面では、あらかじめ言葉と行動で丁寧に教えるべきでしょう。

家庭には、こうした文化がたくさんあります。その一つひとつをきちんと教えていきたいものです。子どもが失敗したときも、叱るというより、こうしたことを教えるチャンスだと考えれば、私たちの気持ちも楽になります。

増える幼児虐待

間違った叱り方は、幼児虐待にまで進んでしまうことがあります。いま、幼児虐待は確実に増えています。二〇一〇年度には、全国の児童相談所が対応した児童虐待件数が初めて五万件を超えました。

幼児虐待に関してよく引用される〝大阪レポート〟という報告があります。精神科医の行った調査ですが、これによると、叩く、つねる、縛るなどの体罰を子どもに与えたことのあるお母さんは、乳児の十一ヵ月検診で三二%、一歳半で五九％、三歳半で六七％となっています。こんなに多くのお母さんが、我が子に体罰を加えたことがあるのです。

さらに、日本小児保健協会の行った「健康度調査」では母親の五人に一人は「子どもを虐待しているのでは」と悩んでいることがわかりました（日本小児保健協会調査、満一歳から七歳未満の子の親六千八百人余りを対象、二〇〇〇年九月実施）。「虐待」の内容は、複数回答で「感情的な言葉」が八〇・二％、「叩くなど」が四八・五％、「しつけのし過ぎ」が一七・四％となっています。また、「育児に自信を持てないことがある」と答えた母親が二七・四％、「育児に困難を感じる」は三三・四％にものぼっています。このような厳しい数字はどうして出てくるのでしょうか。

原因としては、次のようなことが考えられます。

①地域社会の共同性の希薄化や核家族化で、母親と子どもだけがまるで「カプセル」状態で孤立している時間が長い。

②父親の不在。父親の育児休暇もある現在、父親の育児参加は増えていると見られていますが、五十年前の商家や農家など、親の労働の中で子どもと一緒に生

活していた形態から比べると、子どもと一緒にいる時間はやはり少なくなっています。

③早期教育のプレッシャー。生まれる前から胎教に一所懸命になったり、三歳では遅すぎるなどという言説に惑わされて、まだできなくて当たり前の発達段階の子どもに辛く当たる場面などが見られます。

幼児虐待をしてしまうお母さんの特徴は、次のようなものです。

①子どもに話しかけない。子どもと遊ばない。

②親子ともにテレビ族。それも同じ番組を一緒に見ることをしないで、違った番組を別々に見ている。

③イライラすることが多く、育児を楽しむことができない。子どもと接していると疲れを感じてしまう。

④夫の育児不参加に不満を感じている。

間違った叱り方がエスカレートすると、今日的な狭い人間環境との悪循環の中で、虐待をする可能性が高くなるのです。「幼児虐待なんて、別世界の話よ」と考えている人も多いと思いますが、人間なんて弱いものです。何がきっかけになるかわかりません。

ですから、触れ合う機会、会話する時間を多く持ち、子どもは親の愛情を感じ、親は子どもの心が理解できる関係を築いてほしいと願っています。

最後に、早期教育や習いごとにあまり夢中にならないでください、とつけ加えておきたいですね。子どもはお母さんが命です。お母さんの喜ぶ顔が見たくて、がんばっているだけなのかもしれませんよ。

子どもの心を開くには

つかめぬ子どもの心

子どもの心がつかめない——。この問題は、今日では親だけでなく教師にとってもむずかしさを増しています。だから、うまくつかめなくても焦らないでください。子どもの心を自然に開かせるためには、前提として子どもの心がよくつかめていなければどうしようもないのですから。でも、その呼吸さえつかめれば何でもないのです。ご一緒にじっくりと考えてみましょう。心を開かせるコツがつかめれば、ほめ方のコツにもつながります。

大人の愛の姿は?

大人の私たちは、こと我が子に関しては大きな錯覚に陥りがちです。そのいちばんの難物が、我が子を愛しているという思いこみなのです。愛って、そもそもなんでしょう。じっくりお考えになったことがあるでしょうか。

我が子を愛しているから、我が家族を愛しているからこそ、お父さんは夜の十一時、十二時まで身を粉にして働くのかもしれません。お母さんも、疲れた、疲れたを連発しながらも近所のスーパーでレジを打ち続けるのではないでしょうか。

ツメの先に火をともす思いで稼いだお金で塾通いをさせるものの、成績は一向に上がらない。そうすると、親はイライラがつのります。むろん、すぐには子どもを叱りつけたりしません。それは、してはいけないことだとだれでも知っているからです。叱るよりほめて認める方が教育的だと、どこかで聞いた記憶があるからかもしれません。

しかし、問題なのは、一度も本気で子どもの気持ちや立場になっていないことです。少しきつい表現をすれば、多くの場合、〝親の身勝手〟になっているという点です。

「そんなー、それは言いすぎよ」

というお母さんたちの大反論が私の耳に聞こえてきそうです。

もちろん、ここでは話をわかりやすくするために、やや誇張して話を展開しているきらいがないとはいえません。ですが、お父さんも、お母さんも、日常のわが身を振り返り、ジッと目をつぶり、子どもとかかわっているいろんな場面を一つひとつ思い起こしてほしいのです。

愛する我が子のため——心にそう実感できる場面であっても、そこには、お母さんたちの一方的な気持ちが先行していないでしょうか。

ほんのわずかでもいいのです。我が子の心の動きが、目をつぶったまぶたの奥にイメージされているでしょうか。お父さん、お母さんの心に、我が子の繊細な心のヒダとその響きが共鳴してくるでしょうか。

そう言われると、自分の心に響いてくるものがほとんど何もない、というのが現実ではないでしょうか。そう、「我が子への愛」などと言ってはみても、一皮めくれば何のことはない、ほとんどが〝自己愛〟にすぎません。子どもから言わせれば、お母さんの〝自分勝手〟や〝思いこみ〟なのかもしれません。

「僕のことなんか、ちっとも考えてくれないじゃん」

「お母さんは、私のことなんかどうなってもいいって思ってるんだから」

こんなキツイ言葉を、我が子から投げつけられた経験を持つ親も少なくないはずです。

もちろん、幼児はこんなにはっきりとは表現できません。だから、泣きわめくのです。床に転げまわってでも自分の思いを伝えようと必死になるのです。

小学校の低学年ぐらいになると、

「ママなんか大キライ！」

なんて親の方がムカッとくるようなひとことを吐くかもしれませんね。
五、六年生なら、
「ママはうるさいんだから」

「一回言えば、わかってるよっ」

ひとことボソッとつぶやく。ここで、「なに、もう一度はっきり言ってごらん。そんな口のきき方、お母さんは許さないからね」などと力んでしまうと、もう終わりです。

反論すれば、ロゲンカ間違いなし。たとえ表面上は我が子が引っ込んだとしても、信頼の絆はプッツリ切れてしまいます。いや、逆に不信という嫌な感情が育っていくのです。

残念ながら、子どもたちの方が的を射ています。たしかに、子どもの気持ち立場なんか、親の方はちっとも考えていないのです。

勉強したのに、ちっとも点数がとれなかったくやしさ。勉強しなきゃと思いつつ、ついついバラエティー番組のスペシャル版を見てしまい、結局何もせずに眠ってしまったダメな自分への嫌悪感。

どの子だって、「今度こそ失敗をくり返さないぞ」と心の中で誓おうとするのです。それが、子どもというもの。子どもの本性なのです。しかし、親の方は、ここで甘やかしてはならじと力んでしまうのです。

「誰のおかげで塾へ行かせてもらってると思ってるの！」

決して口に出してはいけないこんなセリフも、つい口から出てしまいがちです。

勉強の分野だけでなく、生活の面でも、友達関係でも、果ては遊びの領域にまで親が口を出すと、いつもこんなパターンになっていないでしょうか。

これでは、大人の愛というものが、子どもたちからは〝身勝手〟と思われても仕方がありません。

「疲れたら、休んだら……」

先日Ｏさんは、私にこんな話をしてくれました。

小学五年生の娘さんのことです。

四月も下旬にさしかかったころの話だそうです。

朝七時。自分の合わせた目覚まし時計の音にも一向に起きる気配がありません。いつもだったら、自分でスイッチを押して止めるのです。

「よし。パパ！　起きるよ〜」

隣のベッドのお父さんにも声をかけ、まるで競争でもするかのように、サッサと服を整え、念入りに洗顔。

全身に残業の疲れが残って、動きが鈍いお父さんを尻目に、バタンとドアを閉めて自分の部屋に行き「朝勉」をするのです。

「できたわよ〜」

というお母さんの朝食の声がかかる七時半までドリル練習です。そして、七時半〜八時近くまでゆっくり朝食。「おかわり！」も連発します。

「胃袋に穴あいてるんじゃないの？　もうダメ！　お父さんの分のおかずがなくなるでしょ」

こんなふうに、お母さんからたしなめられるほどたらふくたいらげ、やがて

「行ってきま〜す」と威勢よく家を飛び出していきます。

これが日課でした。ところが、その日は違っていたのです。

お父さんがパジャマ姿でモソモソ洗面所に立っていっても、一向にベッドから動く気配がありません。

様子を見ると、スースーと大きな寝息をたてながら、グッスリ眠っています。

かわいそうだな、と思いつつも、お父さんは意を決して声をかけました。

ようやく彼女は、ベッドで半身になったまま頭をクラクラさせながらも着替えを始めました。

「ねむいよ〜、疲れたよ〜」

珍しくぐずり、ベッドを降りようとして、再びグラッとふらついています。お父さんはその姿を見るや、これはダメだ、ひどく疲れてる、休ませなきゃと思うのでした。

台所に立つお母さんに相談すると、「それくらいで休んでいてどうするの？　今日は歯科検診もあるんだし、四月が肝心なのよ」と反対。

でもお父さんは、とりあえず洋服姿のまま彼女をもう一度ベッドに横たえさせ、上ぶとんをかけてやりました。

「休んだら」

再び声をかけると、娘さんは「少し休んで元気になったら遅刻していく」と言います。

お母さんは、そういうルーズな子は学級でいじめにあうのではないかと心配です。ずるいと非難されるのではないか、先生に不真面目な子と受けとられるのではないかと、不満気にボソボソと独り言をつぶやいています。

でも、お父さんはキッパリ。

「他人の目で生きているんじゃないよ。子どもだって自分の体は自分でいちばんわかってる。自分がこうしたいという気持ちが最も大切。遅刻してでも学校に行くってすごくえらいんだよ。お母さん、逆にほめてやらなきゃいけないんじゃないの？」

他人の価値観で生きるんじゃない。自分の気持ちを大切にしてやらなくちゃ。お父さんのこの言葉はお母さんの心を落ち着かせ、親としての自信を回復させた様子です。

「お父さん、ちょうど今日はお休みでしょ、あとは頼んだわよ」

こう言い残すと、お母さんは出勤。

「お父さん、元気が出てきたよ。いまから学校に行く。急げば三時限目に間に合うかな」

十時ごろ、娘さんはベッドから飛び降りると、大急ぎで冷えた朝食をかき込み、ランドセルを背負って学校に向かったとのこと。

「友達から何か嫌なこと言われたら、お母さんやお父さんにちゃんと報告するんだよ。遅刻する子は立派な人なんだからね。遅刻してでも行くって、勇気のある子なんだよ」

彼女のうしろ姿に、何度もしつこくくり返すお父さん。

「わかった！」

短く答えながら、駆けるように足早に姿を消した娘さん。

〝子心〟を読みとる

振り返りながら、Oさんはしみじみと次のように語ったものです。

「親って我が子のことを愛してるって思い込んでいるけど、本当は自分の立場しか考えていないのかもしれませんね。

我が家でも、娘が起きなかったときに、最初に私の頭をよぎった感情は、『サボりかな？　ズル休みしたいんじゃないかな？　これしきでくじけていて、この先どうするのか。何とかがんばれ』って気持ちでしたものね。

ま、たしかに、この気持ちの背景には、娘を落伍者にしては本人がかわいそうだとか、たくましく生活力のある子に育てないと、結局将来辛い思いをするんじゃないかとか、我が子への愛情はこのようにたっぷりなんです。

でも、そこには、見事に『子心』が忘れられているんです。我が子がどう思い、何を願っているのか眼中にないんです。親の方は、なくても当たり前、当然と思っているんです。

サボりかな？　なんて、大変な疑いですよね。考えたら、子どもって家では親に疑われ、学校では先生に疑われ、いつも大人は子どもを疑うもの、信用しなくて当たり前なんだと日々刷り込まれながら成長していくのかもしれませんね」

うなずいて聞きながら、私は「子心親知らず、生徒心教師知らず」なんだなと思いました。

幸いなことに、友達も先生も遅刻して登校した彼女をごく自然に受け入れてくれました。

このことについても、お父さんは娘さんの前で「いい先生だね、いい友達だね」とホメたとのこと。人への信頼のパイプを太くしたかったのでしょう。

私が中学に勤めていたころ、ほとんどの親たちは、遅刻や欠席には大変敏感になっていました。多少の熱があっても休ませないことが当然視されていたのです。

また、学校は学校で、遅刻さえ罪悪視していました。欠席の多い子はダメな子と考えるフシがあったのです。いや、フシだけではありませんでした。公私立を問わず、今日の高校入試の推薦制度では、欠席日数が多ければ明らかに不利に働きます。

特に私学では、三年間を通して十日以内だとか、細かい基準の数字まで内々に示しています。そこには子どもへの根強い不信感があるからです。遅刻の多い子、休みがちな子は、非行に走りがちな子か、ファイトに欠ける子、推薦でとるには価しない子、つまりダメな子と決めつけているのです。

体がしんどくても、無理をして学校に行く子が立派――という世論さえ形成されているのではないでしょうか。

だからこそ、多くの親が我が子を愛するが故に、無理をさせて休ませないのです。子どもの心と身体を大切にしていたのでは、将来の進路を狭めることになるからです。

そう考えると、個別の親のみを責めるわけにもいきません。しかし、押さえどころはここなのです。どちらの道を選ぶのかが一人ひとりの親に問われているのです。

私も、世間一般の親の眼で我が子を見たくありません。我が子の心に我が心を寄せ、その辛さに共鳴しながら共に歩んでいきたいと思います。

Oさんがそうしたように、私自身「子心」がつかめる親になりたいと願っています。そういう親が多くなれば、いわゆる世間の常識をくつがえせるのです。子どもへの愛をどの家庭でもまっとうに発揮できる社会を築くことができるのではないでしょうか。

現実がこうだからとあきらめては終わりです。子どもを愛することは、社会の変革、歴史の進歩にも直結していくように思うのです。

みんなで食卓を囲もう

家族揃っての食事は楽しい

一人でご飯を食べることほど寂しいことはありません。美味しいメニューも味気なくなってしまうものです。

私の子どものころは、朝食は六時四十分、夕食は六時十分と、まるで時計のように決まっていました。ちなみに入浴は父親が一番風呂で、六時四十分くらいでした。最後が八時過ぎに母親。それまでに祖母、私、姉、弟と順に済ませるのです。いまから考えると何と慌ただしいことか、まるでカラスの行水のようです。

しかし、生活はきわめてリズミカルに繰り返されていました。

就寝は、八時半ごろでした。九時にでもなろうものなら、さあ大変。

「直樹、いま何時だと思っているの？　時計を見なさい！」

などと母が一喝。居間の柱時計を見上げると、ちょうど九時を指しています。

「うわー、もう九時だ～」

私は大慌てで時間割を合わせ、登校の準備。着替えを枕元に揃えて、フトンにもぐり込んだものです。起床は、毎朝六時と決まっていました。だから小学生時代には、たぶん一度も家で勉強などしたことはなかったと思います。夏休みの宿題ぐらいでした。他の子どもが自分の家で勉強していることを知ったのは、中一の一学期末のことでした。そのときの衝撃は、いまでも覚えているぐらいです。

あまりにも古い話で参考にもなりませんが、私には食事が何よりの楽しみでした。自分の話を親に聞いてほしくて、聞いてほしくて、食べるのもそっちのけでしゃべり続けたものです。そうすると祖母が「男のくせによくしゃべる」と叱ったものです。

外国でも、食事はみんな揃って食べるのが常識です。海外に出かけても、向こうの方たちとは会食を通して親しくなります。食卓には両国のミニチュアの国旗を飾り、歓談します。

食事をしながらの会談は、雰囲気を和ませます。

いまや「孤食」が主流に？

　ところが、いまや家庭の食生活の様子が一変してしまいました。いわゆる「孤食（＝個食）」が珍しくなってしまったからです。孤食というのは、三つの要素から成っています。一つは朝食場面であること。二つめは、小学生の食事風景であること。三つめは、子どもだけで食べることです。

　つまり「小学生が子どもだけで、朝食をとること」なのです。

　一九八二年の厚生省調査（国民栄養調査）の時点では、これがすでに二二・七％となっており、今となっては「この程度か」と思えるような数字でも、小学生なのに朝食を一人で食べさせている家庭があるのか――と、当時は全国に衝撃が走りました。テレビでも取り上げられ、一人で朝食をとっている子どもたちの描いた食事風景の絵がさびしそうな構図であることに私などは心が寒くなったものです。いまだに、画面にクローズアップされたその絵が心に焼きついて離れないほどです。

　ところが、です。今日では、孤食をしている子どもが小学生・中学生の四一・

四％にものぼっていることがわかったのです（独立行政法人日本スポーツ振興センター「平成十九年度児童生徒の食事状況等調査」六千十五人を対象）。

孤食は「個食」とも呼ばれていますが、その実態にはとても驚くべき状況もありました。

その第一は、「孤食」にもかかわらず、食べている時間帯はそれぞれ同じであるという不可解な現象が広がっているということです。かつての孤食は、それぞれの生活時間帯の事情などにより、朝食をとる時間が一致しないという特殊な理由から、やむなく家族がバラバラに食卓につかざるを得なくさせられていたのです。ところが今日では、同一時間帯にもかかわらず、小五の弟は自分の部屋でおにぎりと牛乳を、中二のお姉ちゃんは二階の自室でトーストにブラックコーヒー、両親はそろってリビングで和食。お父さんは経済関係の専門紙に目を通しながら、お母さんはというと、朝の情報番組を観ながら、という具合です。

しかも、みんなそれぞれにメニューが違います。向かっているのはテレビや新聞など、外の情報に対してです。なんだか「心を開き」必死の形相です。でも、家族同士の「おはよう」のあいさつもありません。こんな朝食風景が、小学生のいる家庭でも今日では半数近くになってしまったのです。

しかも第二に驚かされることは、このような「孤食」を子どもも母親も良しとしていること、好んでいることです。かつての「やむを得ない事情」とは一変しました。

「だれと食べているときが楽しいですか?」という質問に対して、「ひとり」と答える子が出てきているのです。

孤食の子どもたちは、その理由を次のように言います。

「じっくり味わって食べられ、なんとなく楽だから」

「ひとりのほうがリラックスできる」

「文句を言われないから」（いずれも『知っていますか　子どもたちの食卓』足立己幸著、日本放送出版協会、二〇〇〇年刊より）。

お母さんたちもまたびっくりするような反応を示します。「カオルも自分の部屋でゆっくりと朝の時間を過ごし、私も朝は自分の好きなことをして一日の活力にしていますので、食事を一緒に食べなくても、それぞれが朝食の時間を楽しく過ごしているのであれば、それでいい」（前掲書より）。

食文化が子どもの心を育てる

これでは、これまで何回か述べてきた「ホテル家族」そのものです。

現在では、多忙な朝食だけでなく夕食でさえも、家族がバラバラにとる家庭も増えています。

講演会などでこの孤食の話をしますと、その後の控室で係の人が、「そういえば先生、我が家も夕食をそれぞれの部屋で食べる日がありますよ」などとあっけらかんとして話され、こちらがびっくりです。いわゆる〝教育熱心〟なはずの人たちにまで、この朝夕を問わない孤食現象が広がりつつあるようです。

しかし、これは〝新しい食文化〟とは言えません。すぐにでもやめる方が賢明でしょう。

なぜなら、いま若者たちの間に広がっている〝コミュニケーション不全〟の病理がもっとひどくなるからです。今日問題が顕在化している「社会的ひきこもり」は百五十万人超とも推定されますが、背景には共通してこの〝コミュニケーション不全〟が潜んでいます。

人は思春期になると、誰しも強烈な自我に目覚めます。そして、他者を異常なまでに気にし始めます。自分を見つめる他者の眼差しとそれに対応する自己の両方が、まるで俯瞰《ふかん》するような構図でパッと心に広がり、その瞬間、少年はうろたえます。対人恐怖に陥ったり、赤面症に悩まされる中・高校生も珍しくはありません。

この特殊ともいえる対人困難な時期を大人になってもひきずっていると、いわゆる「ひきこもり」にならざるを得ないのです。「ひきこもり」問題が「終わりなき思春期」(『社会的ひきこもり――終わらない思春期』PHP新書・斎藤環著)などと呼ばれるのはこのような理由からです。「ひきこもり」の青年たちは、思春期の自立という発達課題を上手にくぐり抜けられないのです。

この対人トレーニング抜きに、思春期の葛藤をらせん階段を上るように発達的に脱出しようとすることは不可能に近いといえます。

家庭は、この対人トレーニングの土台なのです。ここで対立したり和解したり、共同・共生する日常の経験の中から、対立する相手との折り合いのつけ方や、喜びの共有法をいつのまにか身につけていくのです。

食事という行為は、大人にとっても子どもにとっても味覚を通して好悪感情をダイレクトに感じとることができます。つまり、美味であれば、だれでも素直に「おいし〜い!」と感嘆します。しかも、多くの場合は、作り手は家族の中に存在します。そこへ感謝の念も自然に湧いてきます。

そればかりか、食欲は気分を積極的にさせます。朝なら一日の行動予定やどうがんばるのか、逆にいかにヤル気がしないかを吐露することが可能です。ああでもない、こうでもないと家族が食事をしながら交流できます。

「さあ、がんばるぞ!」

だれに言うともなく家族の前で気合いを入れる。この所作が、本人の体内にパワーをみなぎらせるのです。

「そう、すごいわね。無理しないでよ」

お母さんは、笑顔でこう言えばいいのです。

食欲が無いこともメッセージの一つです。何か心配事があったり、体調がすぐれないときは、子どもとは正直なもの。すぐに食欲が落ちるものです。

我が子の心と身体の健康度も、食卓を囲む中でお互いにつかめます。親がつかむだけではありません。我が子の方も、両親をはじめ兄弟姉妹の心身の様子が食事風景からつかめるようになります。つまり、他者認識力もパワーアップするのです。

他者理解の力、人の心を読みとれる能力は、付け焼き刃の訓話や道徳の授業だけで身につくほど甘くはありません。このような日常生活の起伏を通して、じわじわと体にしみこんでいくのです。

家族そろって食事をとり、歓談し、後片付けもみんなで協働する。このような朝夕の食生活を過ごしていれば、学校でのコミュニケーションも大丈夫なはずです。我が子は人格的にも一味違った重みを帯びて成長していくことでしょう。

「ありがとうね！　すごくきれいに洗えたね」「菜美ちゃんは、ふきんでふくお仕事やってくれる？」

食後も、こんなふうにみんなで協働できるといいですね。

「ありがとう！」

の連発の中で、子どもは自分の存在価値を実感することでしょう。お母さん、お父さんに喜ばれているという充実感。これが「心」と「心」のコミュニケーションです。そして、このような充実「感」は、充実した「力」へと転化するのです。生活や勉強の困難にも挑戦していくパワーを創り出すのです。

このように家事の分担も、家庭での単なる役割分担ではないのです。家族間の心と心の結びつきと交流、ある種の心の通い合いの日常的な訓練でもあるのです。この豊かな家庭の食文化は、質の高い家族を形づくってくれるはずです。

学校に問題があったとき、親はどうする？

問題だらけの学校

日本の学校は問題山積です。

それは教師に言わせると、家庭教育が崩壊しているせいらしいのですが、親から見ると教師の質が低下しているからだということが盛んに指摘されています。

私にはどちらもピタッときません。むろん、それぞれの指摘は、個々には間違いというわけではありません。が、主因からはかなり外れているように思えてなりません。

本当の理由は教師や親といった個別的なものではなく、歴史的な背景をもった、社会構造の変化によるものです。

低学力もいじめも学級崩壊も、小学校低学年のパニック現象も不登校も含めて、個別性以上により大きな歴史的・社会的背景から読み解くべきでしょう。

そこで、ここではこれらの多様な学校問題に対して、子どもの心を豊かに育てる視点から親としていかにかかわればよいのかについて考えてみることにしましょう。

基本は共感と寛容

学校側に明白な落ち度があったとなれば、みなさんはどう動くのでしょうか。

「もちろん、証拠を突きつけて学校や教育委員会に詫《わ》びさせるわ」

と元気よくおっしゃるお母さんも多いことでしょう。

「告訴します」

ときっぱり主張される方もいるかも知れません。

ところで私は逆です。教育問題においては、たとえ裁判で勝訴したとしても、我が子にとって本当の勝利なのか疑わしいからです。私も教育裁判に直接かかわり、法廷で原告側（被害生徒側）証人として三時間近くの大論陣をはった経験があります。幸運にも大規模な弁護団の精力的なたたかいのかいあって〝勝訴〟しました。

ところが、この裁判のプロセスにおいて、私は原告生徒のことが気になって仕方ありませんでした。係争が長引き、複雑になればなるほど、相手の学校や行政側も理論武装をしてきます。当事者の一方である原告生徒は、事の真偽を熟知しています。ところが、裁判の場では、先生が平気でウソをつく場面に出くわすのです。「たたかい」である以上、それは避けて通ることのできないテクニックなのかもしれません。

が、生徒にとっては大きなショックです。裁判沙汰になったきっかけだけでも大きな苦痛なのに、微に入り細に渡ってその恐怖シーンをくり返し話題にされ、被害時の状況も遠慮なく聴取されるのですからたまりません。

生徒の教師不信はますます深く大きくなります。同時に、大人不信にさえ発展しかねません。だから、法的には勝っても、心の奥底では決して〝勝訴〟にはなっていないのです。逆に、大きなトラウマを残しているケースもあることを関係者は肝に銘じておくべきでしょう。

学校側との対応の原則は、私は〝共感と寛容〟の精神で臨むことだと思います。それも、ごく初期の段階で学校側に心から詫びてもらうことでしょう。原状は回復できなくても、心に傷を負うことはありません。

「ごめんなさい！　本当に申し訳ありませんでした」

と、学校は生徒にも親にも心をこめて詫びることがいちばんです。そうすると、問題は問題としつつも許せるのです。許して、その後の改善に向けて共同することさえ可能です。

〝人は失敗やミスを犯しても、その後、誠意をもって謝ることができる。そして、両者が共同・共生することさえできる。人間って素晴らしいんだ〟と心の底から思えるようにすることです。

そうなれば、どんなに大きなすれ違いが生じても、心を通い合わせ、人間信頼の心づくりができるからです。学校問題とは、必ずしも裁判で白黒の決着をつけることではないように思います。

いじめとどう向き合うか――克服が大切

ところで、何といっても学校生活で親がいちばん気にするのが、我が子のいじめです。アンケート調査の結果などでも「心配」のトップに挙げられることが多いからです。

しかし、いじめ問題の心配の内容を見ると「我が子がいじめを受けないか」というものが圧倒的です。

はっきり言って、私など現場教師経験者からすると、これはとても残念な心情といえます。なぜなら、被害者になることを恐れているからです。被害者となることへの恐怖がわからないわけではありません。これまでにも多くの被害者が苦しんでいますし、中には何人もの自殺者さえ出ているからです。自分の子が苦しむのを見たくないとか、自殺でもされたら……と心配するのは親として当然でしょう。

やや冷たい表現になるかも知れませんが、いじめられることを防ぐ方法などありません。活発な子に対しては、活発すぎるという理由から、自分の意見や嫌なことは嫌とはっきり言う子に対しては、はっきりしすぎるというとんでもない理由から、またスポーツや柔道ができる子に対しては、強いからとねたんで全員で無視するといういじめが起きます。子どもの集団があるところには、このように必ずといっていいほどいじめが発生するものです。だから、どんなに強い子に育てようとも、いじめられない子育てなど存在しないのです。

とくに日本の小学校のように教師が均質の集団形成を進める教室空間では、その圧力から必ずといっていいほどいじめが発生します。ですから、いじめそのものを恐れる必要はないのです。一つひとつのいじめを教師とともに克服し、みんなで前進できればいいのですから。そしてその都度、いじめられた方もいじめた側も人として一回り大きく成長できればいいのです。

周囲で傍観していたり、止めに入った子どもたちもそれぞれに、人間について深く認識でき、成長・発達するクラスメイトの姿を間近に眺め、接することができます。これも、人への信頼を高めます。仮に自分がいずれかの立場に立たされてしまった場合でも、そこを脱出して成長する自分の姿をイメージすることができます。

このように、学校というところは大勢の仲間と生活・学習を共にする中で、得がたい学びができるのです。

いじめは「克服できないこと」が問題

いちばん恥ずかしいのは、いじめが起きているのにそれに気づかなかったり、隠してしまったり、「ない」などとウソを言うことです。また、克服できないと次のような三重の問題点、いや反教育的行為に転化してしまいます。

一つは、いじめられた子の心の傷を癒せないまま、人間不信、自己嫌悪に陥らせ、対人関係不全さえ引き起こしかねないような人格を形成させてしまうことです。

二つめは、逆にいじめという人間に対する虐待行為を楽しい、快感だと感じてしまう歪んだ感性、心のあり様から加害者を脱出させてやれないことです。つまり、非人間的ないじめをする加害者の人間性を正してやれないのです。

いじめ問題で多くのお母さんやお父さんが錯覚しているのは「いじめの被害者はいじめられる方」だと信じている点です。これはとんでもない間違いです。実は、いじめの加害者の方が人間的な歪みや心のひずみ、愛情不足などを背負い込んでいるのです。その苦しさをいじめという非人間的な行為を取ることによって発散しているのです。ですから、加害者は発達上の重大な問題点をたくさん抱え込んでいるものです。

だから、極論すると、いじめで第一番に救済すべきは加害者なのです。加害者を非人間的な心の世界から救い出してやらなければならないのです。被害者救済は、被害者にどれだけ丁寧にアプローチしても解決できるものではありません。なぜなら、被害者側には、いじめ行為に対する責任は一切ないからです。

ところが、日本の場合は、解決しようのない被害者救済にばかり熱心なのです。被害者にとっては、加害者が加害行為をいますぐにでもやめてくれれば、問題は一気に解決するのです。被害者にかかわるエネルギーが教師にあるのなら、強者である加害者にかかわり、いじめを一刻も早くストップさせてほしいのです。

いじめ問題にも、加害者には甘く、責任を追及しない戦後の日本的社会の特性が色濃くにじみ出ているように思えてなりません。

三つめは、傍観者たちを成長させないという問題点です。恐怖感のみ強め、「今度は自分がいじめられないか」と常にビクビクするような心の狭い人間にしてしまいかねません。

先述の通り、脱出体験を間接的にでも経験できれば、いじめやトラブルを恐れない、たくましい心が育ちます。深部での〝人間信頼〟の形成といえます。したがって、いじめ問題の最大のポイントは、いじめが発生してもそれを乗り越えることができない学校の問題ということになります。

親としての配慮は

親としては、次の二つに注意を払うといいでしょう。

一つは、自分の子がいじめの加害者にならないかという点にこそ注意を払うことです。友達をいじめてしまうのは、心のバランスやモラルが低下しているからです。これは、我が子に豊かな心が育っていない証拠です。本来なら、いじめっ子の親の側こそ大慌てしなければならないのです。

学級の親たちがお互いに、我が子をいじめの加害者にしないような家庭教育を創ることで担任の教師とも合意し、力を合わせることができれば、もう大丈夫。いじめのこわくない学級づくりの土台が固まったも同然です。

二つめは、いじめが発生したときに、担任を責めないということです。早期に発見できたことを喜び、父母が応援団となっていじめ脱出への共同歩調をとることです。

旧文部省は「人間として絶対に許されない」行為という表現をとっていますが、これは厳しすぎます。子どもにとっては当たり前、むしろ発生しない方が変、というくらい大らかに構えるべきです。被害者の子が笑顔で日常生活を過ごせるようになるまで支援しつつ、加害者へのケアを手厚くしましょう。いじめなんかする必要のない心の状況を整えてやりたいものです。また、周囲の子どもたちに対しても、いじめ行為に敏感でそれを許さない確かな感性を鍛えてやりたいものです。

いじめ問題とは、どの子でも分数の計算を間違えることがあるのと同様に、どの子にも起きる一瞬の「心の間違い」なのです。このような間違いは、子どもが成長・発達するうえでの「権利」でもあるのです。

いかにそこをくぐり抜けるのか、学校と共同しながら親も子どもの心の成長に責任を負いたいと思います。

教師の指導法への疑問

いじめ問題に次いで多いのが、教師の指導法に疑問が生じるケースです。どんな不満があるのでしょうか。列挙してみましょう。

●学習指導法への疑問――声が小さくて聞き取れない、教え方がスッキリしない、学習塾の方が上手ではないかなどに始まり、家庭での宿題が多い・少ない、教科書の進み方が遅いなどです。

●生徒や親とのコミュニケーション不全――親がいちばん気にしていることをずけずけと平気で言う、子どもの心を傷つけるような表現や内容を口にするなど、人としての交わりの力を疑わせるものです。あるいは、提出物の遅れや、ノートの書き方など、やたらと口うるさく細かすぎる例なども、親や子どもとの溝を深くしかねません。

とくに体罰はふるわないので公然とは非難しにくいものの、何となく担任を人として尊敬できなくなってきます。秋口になると取り返しがつかないほど大きな不信を生みかねません。

●体罰――これは法律違反であることは言うまでもありません。体罰でなくても、ペナルティーとして人権侵害行為が行われたり、プライドを傷つける「心罰（心に傷をつける行為）」を平気で行う教師も珍しくありません。体罰とともに「心罰」にも親は注意する必要があります。子どもの心を育てないばかりか、変に萎縮《いしゅく》した子どもを育てるからです。

●差別やひいきをする――これも不満のワースト3に入るほどです。教師本人にはその自覚がない場合がほとんどですから、親としての対応能力が問われるところです。最近は男女平等意識が高まっていますが、ジェンダー教育では学校は後れています。とくに男性の教師の場合、女児へのセクハラ行為が心配です。教師だから、という安心は禁物です。閉鎖社会の学校だからこそセクハラが発生しやすいとあらかじめ覚悟を決めてかかる必要があります。ここでも、教師たちに悪気はない場合が多いのですが、そのことに無自覚というのが最大の特徴です。

●健康や環境問題――学校はすべてに優先して児童の心身の健康と安全を守る義務があります。しかし、プールにしろアスベスト問題にしろ防火シャッターにしろ、放射能問題にしろ、学校は危険だらけです。学校だからこそ危険と考えることが大切です。給食のメニューから食器類、学校の壁のペンキ類などすべてへの注意が必要です。

●個々の子どもたちの健康への配慮も不十分です。夏場など教室の室温が三五度を超えていても何の配慮もされなかったり、冬でも充分な暖房がなかったり、生徒指導と称してマフラーやストッキングの着用を禁止する中学校も珍しくありません。人権侵害や健康上の問題があっても、〝児童・生徒指導上の理由〟というものがすべてに優先するのが学校的価値観であり、学校を覆っている〝文化〟でもあるからです。よほど親が自立し、注意を払っていないと、我が子だけでなくクラスの子どもたちの安全を確保できません。

さて、どう対応すべきか

対応法の第一は、子どもたちの人権と発達を保障するという、大人として当然の立場に立つということでしょう。第二は、それにしてもやみくもに教師や学校と敵対するだけが能ではないということです。親が勝ったとしても、あまり意味がありません。要は、子どもの心が豊かに育ち、学校生活を楽しく過ごしてくれればいいのです。ですから、いちばんいいのは、教師と共同して、改善の方向へ共に歩み出してもらうことです。敵視するのではなく、あくまでも先に述べたような子どもの豊かな発達を願う視点を強くアピールすることによってこそ、共通の土俵を築くことができます。

これら二つの視点を実現させるための五つの具体的な方法を紹介しましょう。

①しっかりウォッチングする――うわさだけで動かないで、しっかりウォッチングすることです。事実を把握する必要があるからです。

②親の側のパワーアップを――このウォッチングも、一人で実現するのではなく複数のお母さんやお父さんと行動を共にすることです。「事実」を認識する目が二つ三つと増えてくれれば、教師も事実を認めやすいし、解決策を出す知恵や教師への励ましもパワーアップするからです。決して、教師を追いつめることに主眼を置かないことが大切です。

③教師との話し合い――①②の段階を踏んでから担任の教師と話し合いましょう。その際に学年主任や教頭など第三者にも加わってもらうのがコツです。くれぐれも教師敵視ではなく、子どもの心の発達のため、豊かな成長保障を願うから

こそという点を前面に出すことです。

④親も努力する――たとえ学校の問題、教師の問題ではあっても、学校まかせにするのではなく、親としてできることはないかということをPTAで話し合ったり、有志で協同できるとベストです。その方が、たとえ教師の個別的な問題であっても解決が早まります。

⑤解決しないとき――そのときは、いつまでも待つわけにはいきません。改善の期限を切ってPTAや教育委員会としての対応を求めましょう。同時に親の方は、問題を解決するための第三者的機関などの設置について、専門家を交えて考えるのも一つの方法でしょう。何といっても主権者は私たち父母なのですから。教師の教育権は、私たちが信託したものにすぎないのです。

テレビとIT、どうつき合う?

我が家のチャンネル争い

「あっ、お父さん、いまからサッカー見るからね!」

ある五月の連休のこと。外から帰るなり、次女が開口一番ぶっきらぼうに声をかけてきました。

そのとき私は、久し振りに長女とリビングで歌番組を楽しんでいました。長女と一緒に盛り上がっていたところに、この次女の一言です。

「ヒェーッ! そんなのイヤだよ〜!」

思わず二人とも悲鳴を上げてしまいました。

だって、この日次女はそもそも東京スタジアムでベルディ対マリノス戦を母親と一緒に観戦に行っていたのです。玄関からバタバタと入ってくるなり、第一声がこれだったのですから、私も長女もムッとするのは当然というものです。

ところが、です。

「ねぇ、ねぇ、グランパスの試合どうなったかしら、テレビ観るからね」

一足遅れて帰宅した母親までもが、まるで我々二人の怒りの炎に油を注ぐかのような「無邪気」（？）な発言。

「お母さんは大人なんだから、少しは我慢したら？」

私は口をとんがらせて言いました。

するとさすがに悪いと感じたのか、

「それもそうね。じゃいいわ。ゆずるわよ。その代わり、夜のスポーツニュースは観るからね」と折れてきました。でも、次女はまだグズグズ。

「マリノスがやっと勝って、あなたはラッキーなんだから、お父さんたちに譲ってあげなさいよ」

と仲介する母親。

「じゃ、いいよ。お父さんと一緒に観る」

この間、ほんの一、二分でしょうか。

家族ならではの遠慮のないバトル。

我が家ではテレビのチャンネル争いが日常茶飯事となっています。というのも、我が家にはテレビが二台しかありません。その一台は、長女が大学三年のときに、大学の先輩が卒業するにあたって捨て場に困っているのを引き取ってきたという年代物。映りのよくない十四インチです。

少し画面が大きくて——とは言っても、たかだか二十九インチ——BSやスカイパーフェクTV!も映るのは、リビングの一台のみだったのです。

家族全員がデジタル音痴のせいか、録画の方法すらやり方をマスターしているメンバーはゼロ。したがって、勢いリアルタイムで画面の前に陣取らないとテレビを楽しめないのです。

おかげで、このように他人から見ると「なんと幼稚な」と思われてしまいそうな、チャンネル権をめぐっての闘いが繰り広げられているというわけです。

テレビ個室化は当たり前？

ところで、日本の一般家庭のテレビの普及状況はどうなっているのでしょうか。一九九九年当時の日本PTA全国協議会の調査では、小学五年生の三二・二%、中学二年生の三九・四%もが子ども専用のテレビを持っていました。一九九八年発表の文部省（当時）の調査でも、小学二年生の段階ですでに八%が自室にテレビを置いています。

このような「テレビの個室化」、つまりホテルのように一室一台時代が当たり前となってきた現象は、九〇年代に入ってから加速しています。背景には横長テレビの開発によって、それまでの古いタイプの置き場所として子ども部屋が選ばれたということがあるようです。加えて受像機もきわめて安価になり、子どもが自分のお年玉で購入することも多くなったのです。

このように、各部屋にテレビが置かれるようになると、テレビ視聴も自室になります。一見、チャンネル争いが消滅して家族の仲も良くなるかに思われがちです。

日曜日の夜、お父さんは書斎で野球観戦、お母さんは居間で連続ドラマ、お姉ちゃんは二階でレンタルビデオ、小二の長男は一階の勉強コーナー横のテレビでゲーム。こんなふうに、それぞれが貴重な日曜夜のリラックスタイムを充実させるのです。たしかに有効に時間を使い、それぞれが必要な情報にアクセスしています。

しかし、そのうちに木曜夜のバラエティー番組を家族四人がバラバラに各自の部屋で観ているという光景も生まれてきます。文字通り、まるで〝ホテル〟です。私は、このような家族のことを〝ホテル家族〟と呼んでいます。

一人ひとりが孤独に刺激の強い映像文化と向き合う姿。ここからは〝家族のふれ合い〟や〝家族のコミュニケーション〟は生まれようがありません。子どもの心の成長にとっても寂しい限りです。

子どもの心が育つ、豊かな情操が育つ場面とは、なにも音楽教育や著名な絵画を観ることではありません。日常の何気ない生活そのものが、いかに複雑に編み込まれており、心の行き来が多様になされているのかにかかっているといってもいいほどです。付け焼き刃の道徳教育や訓練で心が育つほど、子どもの成長や発達は簡単な問題ではありません。

テレビが創る家庭の文化

しかしテレビは悪い側面ばかりがあるわけでありません。実は、家族で一台のテレビを観るといった状況では、テレビが家族固有の文化を創るために大きな役割を果たしている場面もあるのです。

その第一が、チャンネル争いの効用です。家庭のチャンネル争いからは、二つの副産物を得ることができます。

①争いを通して、ゆずり合い、ルールを創り、それに従う感性＝心が形成されます。

同一の時間と空間を一人しか占有できないとなれば、そこには必ず話し合いとゆずり合いと納得が生まれます。いかに子どもといえども、自分の要求や願望が必ずしも通るわけではありません。我慢を強いられることもしばしばです。しかし、この我慢のおかげで、ささやかではあっても、自分の希望が容れられた際の喜びには格別のものがあります。何でも希望通りの生活では、喜びの起伏が乏しくなってしまいます。希望が通らなかったときのイラつきやムカつきのみが増大した子どもになってしまいます。

②仕方なく我慢して、自分の好み以外の番組に付き合って観ていると、思いが

けぬ良さがあります。

その一つは、子どもだけでなく、家族それぞれの文化領域や趣味に広がりが出ることです。

我が家でも、こんな経験をしました。

「お父さん、時代劇の中にもなかなかセンスのいいものがあるんだね」

長女が大学生のとき、私のそばでしみじみと口にしたことがあります。

私は無類の時代劇好きなのです。理由は、私の少年時代は、赤胴鈴之助や鞍馬《くらま》天狗《てんぐ》をはじめ、映画といえば時代劇だったからです。ですから理屈抜きに少年時代の体験として体にしみ込んでしまっているのです。それに、何よりも安心して見ていられるのが長所です。勧善懲悪ですから、どんなにハラハラ、ドキドキするシーンの連続でも、最後には必ず正義が勝つのです。

「水戸黄門」のようにパターン化していても、やはり胸がスカッとします。「ああ良かった。最後にはやっぱり正義は勝つんだ」と思える瞬間が存在することは、実生活がそれとは縁遠いだけに癒しの効果さえあります。ストレスの発散効果もあります。

私が観てもよい時代劇のときは、仕方なく子どもたちも付き合って、何となく時間を過ごしてしまうことも珍しくありません。

すると数回に一回は、先のように現代っ子も感心するような速いテンポとスリリングなシーンが多い時代劇にも出会うのです。つまり、個室で自分の好きな番組ばかり観ている生活では得がたい面白さを経験することも可能なのです。

逆の場合もあります。多くの場合、チャンネルを次女に奪われるのですが——私はとりわけ次女に甘いと家族から非難の的です——私には歌いにくいJ-POPやK-POPグループの歌も、耳慣れてくるとなかなかいいのです。洋画のビデオに付き合わされているうちに、英語も苦にならなくなるから不思議です。批評しながら観ていると、いつの間にか洋服のセンスが良くなったような錯覚にも陥ります。

その二番目は、他者認識力が深くなることです。同じシーンでも母親は涙を流す、ところが父親はニヤニヤ笑っている、などといった反応の違いはいくらでも生まれてきます。そこには価値観の違いや育ちの違いが反映されています。それに何といってもジェンダーの問題を忘れるわけにはいきません。

そういう多様な反応の絡み合いが、子どもの家族認識を広げると同時に深めることにもつながります。このように、家族の中でも受けとめ方や表現の多様性があることを知ることを通して、他者への認識が広がります。同様に友人関係においても多様な感性が存在することを悟るのです。

こうして、テレビを通して〝家庭の文化〟が形づくられていくのです。この文化は言うまでもなく子どもの感受性であり、換言すれば「心」ということができます。

子どもの「心」を育てる家庭教育は、このようにさり気ない毎日のテレビを通しても形成できるのです。

便利さのあまり、各人が個室で同一番組に向き合うような〝ホテル家族〟にだけはなりたくないものです。

ネットの世界とどうつき合わせる？

現在、子どもたちの心に大きく影響を及ぼしているのは、テレビよりもむしろＩＴメディアやネット環境にあります。

ケータイとネットは、いまや子どもたちの日常生活の中核にまでなっていると言っても言い過ぎではありません。〝ケータイ依存〟や〝ゲーム脳〟の問題が言われて久しいですが、問題と言われながら状況はほとんど変わっておらず、子どもたちの生活の中にケータイもネットもすっかり腰を据えています。

二〇〇七年に出した『ウェブ汚染社会』（講談社）ではネット社会のもたらす危険な一面から子どもたちをどう守るかについて述べました。アダルトサイト、出会い系サイト、学校裏サイト、ワンクリック詐欺やフィッシング詐欺のようなネット犯罪など、子どもたちがトラブルに巻き込まれやすい環境は一向に減る様子はなく、それどころかますます増えて誘い方も実に巧妙化しています。

ケータイ、ネット、パソコンは近代社会が獲得した最も新しく、最も便利なツールです。これらがなければ仕事も学業も友達づき合いも成り立ちませんし、これらを使えば新しい人との出会いやコミュニティづくりもできます。私も携帯電話やインターネットがない社会は困ります。今ではオフィシャルブログを作って新しい人たちとのコミュニケーションを大いに楽しんでいることを考えても、見知らぬ人とつながる力のすごさと便利さを実感します。

　しかしこの〝見知らぬ人とつながる力〟は、先に触れた闇の世界とも簡単につながってしまいます。諸刃の剣なのです。

「プロフ」や「学校裏サイト」、「2ちゃんねる」は陰湿ないじめの温床にもなっています。ここに中傷誹謗《ひぼう》に満ちた書き込みをされたことが引き金となって学校に行けなくなったり、追い詰められて自殺に至ったりする痛ましいケースも後を絶ちません。書き込みを逆恨みした友達への復讐が新たないじめを生んだり、最悪の場合は友達の命を奪うような事件につながることもあります。

　どこでも誰とでも世界とでも一瞬にしてつながり、便利で機能的で楽しいからこそ、子どもたちにはケータイやネットやパソコンと上手につきあってもらい、グローバル化が当たり前となっている環境の中で、日本が世界とうまくつながるための牽引《けんいん》役になってもらわなくてはなりません。

　同時に親たちも、ただ心配して不安に思い、使用を禁じてしまうのではなく、どうやればうまくつき合えるようにしてやれるのかを考えていかなくてはならない時代になっているのです。

「ケータイ依存」の功と罪

携帯電話への依存は社会的にも教育の現場でも問題視されています。「プロフ」への書き込みやメールのやり取りに夢中になって生活がおろそかになる、対面コミュニケーション力が落ちる、学業に支障をきたして学力が低下する、いじめや自殺を引き起こすなど、功罪のうちの罪の部分を細かく挙げていけばきりがありません。

しかし一方で、匿名性の高い世界だからこそ本当の自分が出せる、本音でコミュニケーションがとれると話す子どもたちも多いのです。

学校や家庭に居場所のない子がネットで知り合った他人と話すことで救われているケースや、日常の中で感じている抑圧をブログやＳＮＳ（ソーシャルネットワーキングサービス）やチャットで吐き出して心のバランスを保っているケースも少なくないのです。

この功の側面を考えると、大人たちが一方的に子どもたちからケータイを取り上げたり、単純に使用を禁止したりするやり方は、かえって子どもたちから大切な居場所を奪い、心を追い詰めていくことになりかねません。

子ども主導で創るリテラシー

それではどうしたらいいのかと親であれば悩むでしょう。私は、そのための解決策は子どもにも問題解決に参加してもらい、子どもが主体となって考えていくのがいちばんであると思います。

かつては「ネチケット教育」と呼ばれていたメディア・リテラシー教育は、ネット上でのエチケットを教えるといった初歩の段階から、すでに「情報モラル教育」と呼ばれるレベルまで来ています。たしかに諸外国から比較すれば日本のリテラシー教育はまだまだ遅れていると言わざるを得ないでしょう。

ＩＴ戦略国家であるインドでは、学校教育の中でコンピューターの誕生した歴史をそろばんの時代から遡って学び、コンピューターの進化の途上で自分たちが今どこにいるのかを理解すると同時に、この先の進化のために何をすればいいのかを考えることができる教育が実践されています。コンピューターとは何か、インターネットとは何かを本質から理解させる教育の一環にメディア・リテラシーがしっかりと子どもたちも位置づけられています。そのためメディア・リテラシーがしっかりと子どもたちの中に浸透していくのです。これに比べると日本はやはり未熟です。しかし少なくとも学校教育の中できちんと情報モラル教育が行われており、一時期からするとネットの世界に無防備な子どもたちは減ってきています。

　ケータイ依存にしてもメディア・リテラシーの問題にしても、おそらく大人が主導してできることは、すでに限界にきているのではないでしょうか。そもそもＩＴメディアに関してもＩＴテクノロジーについても、お父さんやお母さんより子どもたちのほうがはるかに上を行っています。子どもたちにも参画してもらい、この先のあり方、かかわり方を大人と一緒につくりあげていってもらう方が、大人が上からあれこれ言うよりも現実的で効果的です。

　ある私立中学では、生徒が主導してケータイの問題と向き合い、生徒会の総会で「学校では出さない、使わない、電源を切る」の携帯電話三原則を決議して全校で守っています。子どもたちはすでにこのような力を身につけているのです。

　もちろん子どもの年齢や発達段階に応じた段階的な子ども参加のさせ方を考えていかなくてはなりませんが、子どもと共に考えて決めてゆくところにこそケータイとネットの問題を解く鍵があるのです。

第2章のまとめ

●「親子の肌の触れ合い」が、生涯にわたって子どもの心を強くする

スキンシップは、子どもの心の栄養です。小さいころに抱っこや話しかけを充分にした子どもは、どんな困難にも負けない大人へと成長します。

●心に響くステキな叱り方をしよう

怒鳴る・叩く・つねるはNG。「悪いことをしたけど、今回は口だけで手は出さなかった。成長したね」など、子どもが自信を持てるような叱り方をしましょう。お母さんが辛いときは、地域の先輩ママに相談できるといいですね。

●「食事」と「遊び」の大切さを再認識しよう

家族みんなで食事をすることや、友達との集団遊びで子どもだけの世界をつくることは、他者とコミュニケーションを取るうえで、とっても重要です。子どもが孤立しないよう、日ごろから意識しましょう。

●いじめ問題は、親のこころがけ次第で避けられる

我が子が「いじめられっ子」になることよりも「いじめっ子」になる可能性に目を向けましょう。友達をいじめてしまう子は、心のバランスがくずれているものです。

●テレビやITと上手につき合おう

テレビは一台を家族みんなで見ることで、コミュニケーションのきっかけになることも。ケータイやネットについては、使用を禁じてしまうのではなく、どうしたらうまくつき合っていけるのか、ルールを共に作っていきましょう。

第3章

あるがままの我が子を受け入れて

子どものつらさをわかってあげよう

希望だけがない日本

村上龍氏は、小説『希望の国のエクソダス』（文藝春秋）のなかで、主人公のポンちゃんにこう語らせています。「この国には何でもある。すべてがそろっている。ないものがただ一つ。それは希望である」と。なんと的確な表現でしょう。いまの十代の子どもたちには、「物質は豊富でも希望のない国ニッポン」に見えているのです。

子どもたちにとって、希望がないということほど生きづらい社会はないのです。なぜなら、未来に生きることが子どもの本能だからです。希望の喪失は、子どもたちにとっては「生きる力」を失ったも同然です。

ですから、いまの子どもたちの多くは、外に目標をもつことができず、矢印を自分の内側、心に向けてしまっています。目指すものがなく、どう生きていくのか悶々としている子どもが多いのです。

この辛さをしっかり認識していないと、親が子どもを理解することは難しいでしょう。

親の価値観は通用しない

かつての学歴社会では、成績のよい子は一流大学から一流企業へと幸せな未来図が描かれ、他者を攻撃するような事件はほとんど起こしませんでした。

ところが現在は、安定の象徴だった大企業の倒産、エリート官僚の不祥事など、これまでの価値観が次々と崩壊しています。そういう現実を見て、高い学歴をつけることへの懐疑が一歩進んでしまったのです。二〇〇〇年頃から言われ始めた「十七歳問題」というのも、実はこのことと深いかかわりがあるのです。進路選択の時期になると、これから自分の進む社会は幸福の保証もないどころか高学歴などは幻想でしかないことが判明する。だから混乱し、パニックに陥るのです。

つまり、成績のいい子が充実感をもてない、将来に希望が持てない社会になっているのです。子どもたちにアンケート調査をしてみても、「よい子」「できる子」のイメージが下落しています。私たちの世代ととらえ方がまったく違ってきているのです。

一方では、情報化社会が急速に進展するなか、現代っ子の情報収集・情報発信能力は、親世代を上回るようになってきました。親の世代よりも子どもたちのほうが情報収集・発信能力に優れているというのは、いままでになかった歴史的現象です。

そうしたことから、親の子ども時代といまの時代でとは、江戸時代と現代ほどの違いがあると考えてもよいくらいです。その時代感覚のズレが生じている真っ只中で、そこから生じる摩擦や矛盾が、思春期の子どもたちのムカつきやキレる現象にも関係しているように思います。

信ずべき社会の構造がはっきりしていない現代の子育ては、親自身も確信を持てず、とても難しいものです。親が意識的に時代の変化に目を向けることが必要です。

子どもが自分に自信をもてる環境を

子どもは失敗の天才

親はどうしても理想を求め、少しでも子どもの成長と発達を促そうと責任を感じます。だからこそ、子育ての目標を高く掲げて、我が子をそこへ導こうと悪戦苦闘するのです。

この思いは勢い子どもたちに「あるべき子ども像」を期待したり、押しつけたりすることになりかねません。厳しい親ほど子どもの小さな失敗や不十分さも見逃すまいとするし、許すことも苦手です。見逃したり、甘やかしたりすると、ますますダメになるのではないかという強迫観念にとらわれてしまうのです。

ですから、熱心な親、まじめで責任感の強い親は、子どもに厳しくなり、寛容になることが難しいのです。

けれどもこれでは、子どもの自己肯定感（自分が自分であっていいという気持ち）を損なうばかりで、自尊感情（自分を大切にする心）を高めることはできません。ですから子どもは、何かに挑戦する精神力を発揮することができなくなってしまいます。

そればかりか、日常的な自信喪失とストレスから、学校に行けば必ず学級でいじめを発生させる原因にもなってしまいます。

では、どうすれば子どもの自己肯定感を高めることができるのでしょうか。

それにはまず、親が「子どもを思いどおりにしたい」という考えを変えることです。その考えを変えない限り、親も幸せにはなれません。

「子どもは失敗の天才」「子どもは発達途上人」「悪さを繰り返すのは当然」と腹をくくれば、気分が楽になりませんか。子どもたちの毎日の失敗や問題行動は、ある意味では当然なのです。むしろ発達・成長のバネ、チャンスととらえて丁寧に対応するなかで、子どもたちは自分自身の意思と力でその問題から脱出しようとするものなのです。

なぜならば、子どもの失敗に寄り添う親の存在によって、子どもたちは肩の荷を下ろし、伸びようとするエネルギーを心の内に燃やし始めるからです。つまり、子どもに元気を与えることになるのです。

たとえば子どもが忘れ物をしたとき、「お母さん、もう忘れ物しないから」と落ち込んでいる子どもに向かって、「わかったわね、もう絶対忘れるんじゃないわよ。今度忘れたら、お小遣いあげないわよ」と言ってしまうお母さんもいるかもしれません。けれどもそんなとき、「暑いんだから、忘れることもあるわよ」と言ってあげれば、子どもは逆に、今度はがんばろう、というパワーが湧いてくるのではないでしょうか。

まずは言い分を聞いてあげよう

いまの子どもたちは、じっくり話を聞いてもらう快感を味わっていません。大切なのは、言い訳をさせてやるということです。忘れ物が続いたら、親は「何回言えばわかるのよ」と攻撃だけしてしまいがちです。そうではなくて、言い訳を許せば、子どもは「僕、玄関のところにちゃんと置いておいたんだよ。でもトイレにいったら遅刻しそうになったから慌てて、それで忘れちゃった」と言うでしょう。そうしたら「えらいね。そこまでやってたんだ。お母さんも気づいてあげればよかったね」と言えるわけです。

言い訳を聞けば、そこには子どものすてきな姿が潜んでいるのです。そこで親もほろっとさせられる。その関係性をつくることが大切だと思います。

何も難しいことはありません。子どもを聞いて、あいづちを打つことから始めてはいかがでしょうか。子どもの気持ちの気持ちを聞いてあげるのです。気持ちを聞いてもらえたと思えれば、子どもは元気になります。的確な指示をしよう、教えよう、諭そうと考えがちですが、そんなものは必要ないのです。親が話を聞いてあげる。そんな親がそばにいてくれるだけで、子どもは元気になれるのです。

「春奈ちゃん事件」と呼ばれた、ある母親が知り合いの幼稚園児を殺害した事件がありました（一九九九年十一月）。裁判での被告の夫の証言から、容疑者は日ごろから夫に対して「春奈ちゃんのお母さんに会うのがいや」「頭が痛い」「夜、眠れない」と訴えていたそうです。夫はそれに対して何をしたか。「運動をしたら、よく眠れる」「頭が痛いのなら、医者に行ったらどうか」と答えていたのです。間違いではありませんが、妻の心を受けとめることはまったくできていなかったのです。

罪を犯したことがわかって、二人で手をつないで皇居の周りを歩きながら、「刑務所で罪を償うので子どものことをお願いします」と妻が涙ながらに話すのを聞いて夫は、「こうして歩くなんて結婚以来初めてだった。こういうことをふだんからしていれば、犯罪は防げたと思う。ちっとも心を受けとめていなかった」と後悔しています。考えてみれば、そういう夫婦はたくさんいると思います。

受けとめあう関係、わかりあう関係——それは日常の何気ない会話の中でも、すぐにつかめる呼吸です。たとえ失敗しても認めてもらえる。この思いは快感です。「ああ、この呼吸なんだな」ということを一度実感して、それを継続していただきたいと思います。親と子どもとのそういう呼吸が、いま求められているのではないでしょうか。

何でも話し合える親子関係をつくるために

子どもの気持ちがわからなくなると、親は焦りや不安から「そんなことしちゃダメ」とか「勉強しなさい」などと一方的な押しつけを始めます。子どもは、勉強しなければならないことくらい十分にわかっています。でも、疲れていたり勉強することに虚しさを感じていたりして行動に移せないときもあるのです。そんなときに「勉強しなさい」と言われたら、子どもはどんな心境になるでしょう。親の言葉は正論ですから、逆らうことができません。「わかってるよ」とか「うるさい」と口答えするのは、わかっているのに責められたことに対する反発なのです。

子どもが抱えている辛さを親が理解して話すようにしないと、何を言っても子どもの心に響きません。響き合うものがないと、子どもは親を避けるようになり、だんだん本音を見せなくなります。

現在は未来のビジョンに確信をもちにくい時代ですが、それでも未来に向かって生きるのが子どもの本性です。この先五十年、六十年を生きるために現状を察知する能力は、親世代よりも優れているといっても過言ではありません。いまの子どもたちとしっかり向き合ってその声を聴き取ることは、親世代にとっても価値のあることです。そこには、いろいろなヒントや本質が詰まっています。

では、親と子が響き合うにはどうすればいいのでしょう。

第一に実行していただきたいのは、親が子どもの目線に立って言い分をしっかり聞き、いったん受けとめてあげることです。こんな世の中ですから、子どもでもいろんな不安やストレスを抱えています。まず聞いてあげることで、子どものストレスを解消してあげましょう。

第二は、子どもの主張が間違っていても、責める前に「どうしてそう思うの?」と聞いてあげるようにしましょう。親の価値判断は出してもかまいませんが、それを押しつけてはいけません。ある程度は自分で判断させるようにすることです。聞いてもらえて、押しつけもされなければ、子どもはまた話そうとします。その繰り返しが「なんでも話し合える親子関係」をつくっていくのです。

「よい子ストレス」をかけないで

「人の話を聞けない」のが、子どもたちの大きな特徴です。友達の発表も、先生の話や指示もほとんど聞こうとしない子が少なくありません。そこで担任は、しっかり聞かせようとあの手この手で子どもに迫ります。大きく手を一回打ったら話をやめること、二回めを打ったら先生の方を見ることなどルールづくりをしたり、全員が話をやめるまで指示を出すのをストップしたり、注意回数に従って個人や班（グループ）にペナルティーを科したりと、苦労が絶えないようです。

けれども今日の「学級崩壊」の最大の特徴は、これまで通用してきた教師によるこれらの手法がまったく効力を発揮しないことです。

これは逆に、現代の子どもたちが家庭や社会生活全体を通して、自分の話を少しも聞いてもらっていないため、つまり受けとめて聞いてもらう心地よさを知らないためです。

「聞かれる心地よさ」をふんだんに体験している子どもたちであれば、担任が注意したり、要求などしなくても、目を見開き、耳をすませて教師の話を聞こうとするに違いありません。

ところが実際は正反対です。

「学級崩壊」や「キレる子現象」など、子どものおかしさが話題になればなるほど、大人たちは耳をふさいで、指示・命令を出し、訓練で現象を封じ込めようと躍起になります。

子どもだけでなく、私たち大人も含めて、人間は自尊感情が高くなければ他者に心を開けません。友達と共同することもできません。ましてや困難に挑戦し、自己成長を遂げようとするパワーが湧いてきません。つまりエンパワーメントできないのです。

いま、学校だけでなく家庭も社会も、子どもたちの自尊感情をいかに高めるかについて、もっと真剣に考える必要があるのではないでしょうか。

どうすれば可能でしょうか。

第一には、「よい子ストレス」をかけすぎないで、自己責任を問うスタイルに切り替えることです。

家庭・学校を問わず子どもたちは常に「あるべき姿（＝よい子）」を求められています。学級には「みんな仲良く」「団結するクラス」「言われる前に動こう」「大きな声であいさつ」などの学級目標が掲げられています。家庭でも「忘れ物をしない」「好き嫌いはダメ」「妹と仲良く」「洗濯物をたたむ」など理想的な姿ばかり要求しがちです。

ただし、これらがストレス源となり、自尊感情を高めないからといって、目標を引き降ろせばいいわけではありません。大切なのは、それらを実行できないのが人間であるという、リアルな人間認識を大人が持てるかどうかということです。

加えて、失敗してもそこをくぐり抜けながら「仲良く」なり、「団結」できたという経験を積み重ねることです。そのプロセスを通して人間（友達や先生、親）への信頼が生まれ、自信も芽生えるのです。目に見える行為が問題なのではなく、プロセスが重要なのです。

教育実践や子育てというものの本質は、人間同士が複雑にからみ合った「動態」的な関係を基礎に、豊かな感性と人格が形成されてゆく営みではないでしょうか。すべての領域に子どもを参加させながら、セルフエスティーム（自尊心）を高めると同時に、自己責任能力を養ってゆく教育実践や子育てに切り替えてゆく必要があると思います。

「いのち」の大切さを伝える

海くんが教えてくれたこと

西原理乃《あやの》さんを初めて知ったのは、ＮＨＫの「真剣十代しゃべり場」という番組でした。高校生から「オレたちには殺してもいいという気持ちがあってもいいじゃん」という意見が出たとき、「それはおかしいんじゃない？」と涙ながらに発言されて、大変印象に残ったのです。

「みんなは何かを達成しなければならないと思いすぎているんじゃないの。何もしなくても、達成しなくても、生きている価値があると思うよ」という発言にもズキンときて「この子は、ただものではない」と思ったものです。

学校的価値観とはまるで逆のことをずばりと言ったのですから。

あとで、理乃さんが高二のときに書かれた『海《かい》くん、おはよう』（新日本出版社）という本を読んで、あの発言は理乃さんにとってはごく自然であり、必然であったことがよくわかりました。

理乃さんは、私との対談の中で、「しゃべり場」での発言は、自分の中から自然に出てきた言葉のような気がする、と話してくれました。「命を大切にしなければいけないというのは、自分の考えであると同時に、海くんからのメッセージでもあり、海くんと出会わなければ、感じられなかったことかもしれません」といいます。

海くんというのは、（当時）十一歳になる彼女の弟です。一歳のときに事故で重度の障害を負って、医師から「命は五年もてばよい方だ」と言われたのですが、家族による懸命な介護で今日に至っています。動くことはもちろん、話すことも食べることも、排泄することもできない海くんなのですが、ただ単に生き延びているのではなく、夏になればプールに連れていくし、なんとボランティアの力を借りて富士登山にまで成功したりしています。

人を殺すことを肯定するような「しゃべり場」での他の若者の発言は、彼女にとっては大変なショックだったようです。そして、番組の中で、どうしても海くんのことを話したい、海くんのメッセージをテレビを通していろんな人に知ってほしい、自分が伝えなければ、という思いで発言したのでした。

私はそのころ、首都圏のある中高一貫校でアンケートを取った結果を見せてもらって、ショックを受けていました。

「続発している少年の凶悪事件をどう思うか」という質問に対して、高校生の回答のトップが「加害者の気持ちがわかる」であり、四五％にものぼっていたのです。「許せない」という気持ちよりも、「加害者の気持ちがわかる」高校生が半数近くもいるとは、日本という国はいったいどうなってしまったのだろうと思ったのです。

理乃さんは、「みんな自分のことを理解されたいし、自分の言うことをわかってほしいと思っているけれど、そういう気持ちが受験競争の中で押し込められていいます。その思いが、このアンケートに出たのではないでしょうか」と同世代の視線から語ってくれました。

理乃さんの高校でも、先生に「おはようございます」と言ったら、あいさつを返す前に「お前、スカート短い」と言われたそうです。みんな一人の人間として見てもらいたいのに、大人にはその思いが通じていないのです。神戸の少年Aが「透明な存在感」と書いたように、殺人を犯した少年達はみな、ホッとできる空間がなかったのではないかと彼女は考えています。

理乃さんは、家にいるときはありのままの自分が出せるのだそうです。けれどもいまは、そういう空間をもてない高校生も数多くいるのではないでしょうか。学校が受験競争的な価値観に覆われていても、家庭がホッとできる空間になっていれば、人を殺してもいいという気持ちにはならないでしょう。

愛されているという実感

理乃さんは、両親やおばあちゃん、弟さんなど家族から「愛されている」という実感をしっかりと持っています。家族でご飯を食べたり、旅行に出かけたりする中で自然にそれを感じるといいます。そして、「愛されているという実感があれば、『人を殺してみたい』などという思いは絶対湧かない」ときっぱり語ってくれました。

私もいろいろな高校生を取材してきましたが、自分が家族から愛されていると思っている子はほとんどいません。たいていの子は、自分の部屋のベッドに寝転がっているときはホッとするかもしれませんが、お母さんの顔を見てホッとはしないのです。「宿題ちゃんとやってあるの？」「悪いことしなかった？」などと声をかけられて、どこにも逃げ場がないのです。

理乃さんが書いた本のタイトル『海くん、おはよう』というのは、家族がみんな朝起きると海くんの部屋にいって「海くん、おはよう」と声をかけるからだそうです。そして、海くんが今日も生きていることを確認するのです。いつ息を引き取ってしまうかわからないと医師から言われているからです。今日も海くんが生きていたと思うと、なんともいえない喜びで元気が出てくると言います。「海くんを支える会」というのもできています。ボランティアの人は、そこで海くんに会って元気をもらって帰っていくのです。

ハンディを背負った家族がいる生活の中で育った子だから、「人間の命は大事。何もしなくても、何もできなくても、みんなに元気を与える人間がいる」という思いが、理乃さんの心に自然に育まれているのです。

いじめられて自殺してしまう子どもたちに対しても理乃さんは、「『命』はその

人のものであると同時に、家族ともつながっているし、友達ともつながってい
る。『自分が死ぬことによって悲しむ人がいる』と心に浮かべば、自殺はやめら
れると思う」と話していました。

私も、しっかり親が愛してあげて、逃げ場はここにあるということを我が子に伝えられれば、自殺は防げると思います。家族が絡み合いながら生きていると実感できる幼児期を過ごさないと、自分が死んだら親が悲しむという絆も見えてこないのではないかと思います。

小さいころから、いつも目標に向かって全速力で走らされている現代の子どもたち。何かを達成しなくてはいけない、できたらほめられる、という状況の中で、みんなビクビクしておびえているのです。これでは疲れてキレてしまうのも当然です。

このような環境では、大人たちの願いとは逆に、豊かな心は少しも育ちません。命の大切ささえわからない人間に成長しかねないのです。

いま、私たち大人と社会にとっていちばん大切なことは、子どもたちのあるがままの姿をしっかりと受けとめてやることです。大人の広やかな心とふところの

深い愛情が、子どもたちの自己肯定心情を高め、自己決定力を鍛え、自己責任感の強い若者を育てるのではないでしょうか。

その基盤の一つが、家庭での家族の共同した時間と空間の積み重ねであり、これが多様で重層的な友達関係を保障するのです。

第3章のまとめ

●もう親の価値観が通用しない世の中になったことを知ること

親の子ども時代といまの時代とでは、江戸時代と現代ほどの違いがあります。親が意識的に時代の変化に目を向けることが必要なのです。

●子どもに自分の理想を押しつけないこと

「子どもは失敗の天才」「子どもは発展途上人」ということを頭に入れて、子どもを自分の思い通りにしようとするのはやめましょう。

●子どもの言い分をじっくり聞いてあげよう

大切なのは、言い訳をさせてあげること。言い訳を聞くと、なぜ子どもがそのようなことをしたのか、子どもなりにいろいろ考えて行動したことがわかります。頭ごなしに叱ると、子どもは心を閉じてしまいます。

●子どもが「自分は愛されている」と実感できる環境をつくろう

事件を起こすのは「自分が家族から愛されている」という感覚を持てない子ばかりです。親がしっかり愛してあげて、「逃げ場はここにある」ということを我が子に伝えることが大切です。

●「いい子ストレス」をかけないで！

小さいころからいつも目標に向かって全速力の子どもたち。できたときだけほめられる……という環境は、子どもを萎縮させてしまいます。「なにもできなくても、ただそこにいるだけで価値がある」ということを、親が普段から意識することが大切です。

第4章

協同・共生の子育て

学級崩壊させない心の教育

小一が〝学級崩壊〟!?

チャイムが鳴って、すでに三時間目の授業が始まっているというのに、何人かの子どもたちがなかなか教室に戻ってこない。先生が呼びに廊下に出ると、さあ大変。それにつられて、せっかく教室で席に座っていた子どもたちまでが次々と廊下に出てしまう。一つのクラスだけならまだしも、隣りのクラスの子どもまで同じような状況に……。

こうなっては〝学級崩壊〟どころか学年崩壊です。

実は、このような光景は、いまでは全国の小学一年生の珍しくない姿なのです。大阪の教師たちは、この現象を九〇年代半ばから「小一プロブレム（小一問題）」と呼び、独自の調査・研究と克服のための実践を積み上げてきています。

かつてNHK大阪が「小一問題」を取材しました。私も解説者として参加させていただいたのですが、このときの番組で紹介されていた学校ぐるみ、父母ぐるみで取り組んでいた大阪の二つの小学校の事例をもとに、心を育む共同の子育てについて考えてみましょう。

小学校への〝ソフトランディング〟が大切

自分の感情を抑えられない子

H小学校の小一の担任の教師たちは、カメラに向かって口々にこう述べます。
「率直に言って、ちょっとびっくりしてますね」（男性教師）
「自分の感情を抑えられないっていう子が、以前もいたんだけど、すごく数として増えてきたなって感じがしてます」（女性教師）

先生たちがそう感じるのも当然です。

以前なら、先生が号令をかければ、一年生でもみんながその指示に従っていました。ところが最近は、自分に対して言われているとはあまり感じてくれないようです。「〇〇君、前を向いてね」と、一人ひとりの名前を呼んで指示を出さないと伝わらないのです。そういう子が急に増えてきました。

ある日のこと。

小学一年生たちは、ハサミを使って紙を切る練習です。ところが、子どもたちは集中力が続きません。線に沿ってかなり注意を集中しなければ上手に切れないのですが、足をブラブラさせる子がいたり、一人が立つと、みんなもつられて立ってしまうのです。先生が目を離したとたん、廊下に出て行ってしまう子もいます。

先生は述懐します。

「スッと出て行ったり、フラフラッとウロウロしたり、友達を叩いてみたりっていうのが条件反射のように出てくる。そういう場面で、本当に以前の子どもに比べて自分の感情を抑えるのが苦手な子が多くなってきたなって感じがします」

現に、この授業中にも一人の男の子が泣き出しました。パニックに陥っています。

周りの子に自分の紙をさわられてうまく切れなかったようです。

「いやや、切らない切らない。間違えたからいやや」

もちろん担任のO先生は机のそばに寄って、根気強く励まします。大丈夫よと慰めます。

しかし、聞く耳を持ちません。こんなことをしていては、全体の授業が進みません。それればかりか、他の子まで騒ぎ出すのがオチです。

この学校では、この場に、もう一人の担任の先生が入ります。この先生は、授業が終了するまでこの男の子につき添いました。こうしてO先生は、全体の授業を進めることができたのです。もう一人の先生がいてくれなければ完全に学級崩壊です。

担任のO先生は、休み時間にこの男の子とじっくり向き合います。

「えらいえらい。ちゃんと自分で考えた。えらいえらい」

頭ごなしに叱るのではありません。子どものイラつきを全身で受けとめ、心の落ち着きが得られるように丁寧に向き合うのです。

それは、まるで幼稚園の先生のようです。

幼児期から小学校への入口をソフトに――みんなでしっかり発声練習も

カメラクルーが取材したH小学校の工夫とは次の三つでした。

第一には、四月の間は教科書を使わないで、塗り絵など子どもの好きな遊びを取り入れた授業をすることです。楽しみながら授業を受けられる習慣をつくるためです。

この塗り絵のときにはだれも立ち歩かず、幼稚園の延長のように楽しそうに集中しています。「なるほどな」と感心させられます。

第二は、表現力をしっかりと身につけることです。この表現力とは何か。

これが面白い切り口なのです。みんなで絵を見ながら、先生のかけ声の下に「リンゴ」とか「ライオン」とか大きな声で「発声」しているのです。つまり、大きな声で言葉をはっきりと発音する練習です。

何のためにこんなことをするのでしょうか。

学校によると、最近は他の子とうまくコミュニケーションをとれない子が多い。だから、みんなではり切って大きな声を出すことで、自分の感情や意志をきちんと〝伝える〟パワーを高めようというわけです。

先生は言います。

「前に立って、黒板を見て教えるだけでは、いまの子どもたちはとてもついてこられないので、授業形態も含めて、子どもを引きつけられるような授業の進め方とか、そういうことを考えなきゃいけないなと思ってます」

上級生がお兄さん・お姉さん役――一年間もペアで

工夫の第三は、学校の中でお兄さん・お姉さん役をつくっていることです。一年生に対して六年生が一年間もの間ペアを組むのです。つまり、学校でのお兄さん、お姉さんです。

お兄さん、お姉さんは何をするのでしょうか。

「この看板、通行禁止って書いてるやろ。これが真ん中にあるときは、通ったらあかんねん」

学校のルールもこうして上級生から下級生へと〝伝えていく〟のです。

かつて子どもたちは、年上の子と遊ぶなかで、集団生活にはルールがあること、遊びにもルールがあることを自然に学びました。自分が楽しむためには、がまんしてルールに従うことも大切であることなどを自然体で体に覚えこませてきました。しかし、いまではこれらの集団がほぼ完全に消失しています。これでは〝自己中心〟にならざるを得ません。ルールだって身につきようがないのです。

こうした機会を、異年齢が集う学校だからこそ「学校の中で」つくっていこうというわけです。女性の校長先生は言います。

「こうしなさい、ああしなさいって私たちが一つずつ教えていくようなことを、高学年の子が体を通して教えてくれてるというのがいちばん大きいんちゃうかと思いますね。

私たちももちろん教育活動ですから、そういうのを教えはしますけど、ほんの少し年齢が上の子が教えてくれる。あるいはその手をつないで、手のぬくもりの中で見せてくれるというのは、安心感と同時に、こういうふうにすればいいんだなってことを体で感じられるのは大きいんじゃないかと思います」

本当にその通りだと思います。

低学力論争が盛んですが、学校生活そのものに安心感と肌のぬくもりがなければ、どうして学習意欲が湧くでしょうか。心が安定し、生き生きとしていなければ、学びの場としての教室は知恵をつむぎ出してはくれないのです。

複数の目――先生も親も

「先生は〝法律〟」の時代は終わり。

M小学校では、新一年生の保護者たちに担任の教師が訴えます。

「(以前は)一人の担任が全部やる、私は法律よ、という感じでできたけど、いまはもうできない。学級崩壊なんかでね。そういう時代じゃなく、学校を開いていく。どんどん学校に入ってきてって言ったら、うちの子大丈夫やろか、いじめられてへんやろかとかありますね。先生の方も、何か文句ばっかり言うお母さんがいるなと、そんなこと言っても仕方ない。それなら、親に入っていただいて、ともに汗をかいて、その中で関係をつくっていって、信頼いっぱいつくっていって、みんなで盛り上げていこう」

学び合い隊・応援し隊――お掃除もお母さんたちの助っ人で楽しく

M小学校では、お母さんたちが小学一年生への絵本の読み聞かせやお掃除のお手伝いに参加しています。「自分の空いている時間に、負担にならない範囲で」というのがポイント。教室の後ろにはりだされたスケジュール表にどんどん名前を埋めていきます。

このお母さんたちの呼称が面白い。〈学び合い隊・応援し隊〉というのです。「～たい」――つまり、希望の「チーム」なのです。学校支援が先ではありません。自らが楽しく「学び合い」を希望しているのです。そのことを通して支援しようというわけです。ここが、八〇年代に全国各地で展開された非行克服のための「校内パトロール」とはまったく質が違います。

この呼びかけに気楽に応じた親は、百五十人にも及んでいるといいますから、すごいものです。

初めての掃除の日の風景です。

「〇〇の母です」

自己紹介する三人のお母さん。その次がなんと「おそうじ開始、オーッ」。威勢のよいかけ声と、突き上がる振りこぶし。まるで何かの「たたかい」？

お母さんたちならではの楽しい「ノリ」です。

思わず涙がにじむほど私が感動させられたシーンがあります。

それは、ほうきを持って掃き方を教える場面です。

学校の教師なら、「ホラ、こうやって」とお手本を示すのが関の山。ところが、お母さんたちの「応援し隊」はちょっと違います。後ろから小一の子どもを抱きかかえるようにして、ほうきの振り方から右から左へ移動させてゴミを集める動作まで、文字通り愛情深く体を通して習得させようとするのです。

これが自分の子だと、つい「早くやりなさいよ！」とか「何をボヤボヤしているの」などと叱りがちです。ところが、他人の子、クラスの子となると親も冷静になれ、余裕が生まれますから、こんな対応も可能になるのです。これも、クラスにお母さんたちが入る副産物です。

ぞうきんのしぼり方も教えます。

「ギュ！　そうそうそう」

なかなかのリードぶりです。ぞうきんの使い方の指導も子どもの「心」をつかんでいます。決して命令口調ではありません。

「これ拭《ふ》いてあげて！　これ！　優しいな。さすがお掃除係！『がんばれ』言ってあげて！　がんばれ！　ハイできた！」

お母さんの一人は、A君が机上の汚れの上にぞうきんをかぶせるのを励ますと、そのぞうきんの上の彼の手に、今度は、自分の手を重ね合わせます。そして大きなお母さんの手と子どもの小さな手が一緒になってゴシゴシ、ギュ、です。

三人のお母さんたちは、この「学び合い隊・応援し隊」の活動について、こもごも次のように語ります。

「正直言って、最初本当にいいのかな、先生やりにくくないのかなって思いましたけど、子どもの様子がわかるし、よかったなって思ってます」

「なんか、学校っていうよりも幼稚園みたいな感じで、楽しそうだなっていう感じなんですけど、先生はかなりしんどいのではないかと思います」

「参観やと、なんか気取っているっていう感じがするんですけど、そうじゃなしに、いつも通り、普通の子どもたちを見られて、結構いいと思います」

みんなで見守ると安心感が

「三十六人の子どもたちにとっては、お母さんにも声かけしてもらえるし、教師からも声をかけてもらえるので、どの子どももなんとなくホッとした気持ちで学校生活を送れるんじゃないか……」

小一の担任教師が、四月の入学式直後から約一ヵ月間、教室の子どもたちの変化を見つめてきた上での実感のこもった感想です。

校長先生はさらに言葉をつなげます。

「教師だけが子どもたちに接して、教師だけが子どもを育てるというのは間違ってるんやないか。一緒に子育てをしませんか、というのが保護者に来てもらう理由です」

慣れてくると教師たちは、お母さんが子どもたちに絵本の読み聞かせをしてくれている間に、自分たちにしかできない仕事をすばやくこなします。

こうして、すっかり安心した子どもたちは、次第に自分の席に着けるように成長していくと同時に、教師も本来の仕事に集中できるため、授業や指導の質が向上するのです。

小学一年生の学級崩壊問題の背景には、自分の方だけ向いてほしいという子どもたちの愛情不足や、お母さんに対する「よい子ストレス」により、セルフコントロール不全に陥り、パニック症状を引き起こすという今日的な子どもの育ち方があります。

子どもに我慢の訓練を強いたり、毅然とした対応をすれば学級崩壊が防げるなどという単純な問題ではないのです。

人間とは本来、もっともっと複雑で奥が深い存在です。

子どもたちの心を育てるためには、私たち親や教師である大人が、もっとじっくりと子どもたちの心の背景を探り、そうならざるを得ない諸条件をとり除き、本来の健やかな心が働くような環境づくりに腐心すべきでしょう。

「心づくり」とは、お説教や道徳教育の強化などではなく、心が育つ環境づくり、条件整備に全力を尽くすことです。

全国の小学校においても、学校全体が合意しあって、親と教師が共同してさまざまな困難を乗り越える姿勢を打ち出すことが重要となっているのではないでしょうか。

スクール・デモクラシーで学校の再生を

子どもたちの学校参画

小学校低学年における学級崩壊の実態や、その背景に潜む様々な要因について、本書のなかでお話ししてきました。歴史的に見ても、いま日本の学校は危機的な状況と言わざるを得ないでしょう。子どもたちの異変の原因は根深く、かつ複雑で、その責任を単に学校や家庭に求めることは適当でない、ということがおわかりいただけたのではないかと思います。

私たちはこのまま手をこまねいているしかないのでしょうか。

この危機打開策として、「スクール・デモクラシー」という考え方についてご紹介したいと思います。

「スクール・デモクラシー」とは、一人ひとりの子どもが自分らしく生きられるような成長・発達を支援するために、学校への徹底した〝参加型〟民主主義と、そこから生まれる自己責任能力を育てる学校理念のことです。したがって、子どもも、保護者、校長、教師、地域が共同して学校運営に「参画」していくことが大前提となります。ここでは、とくに子どもたちの学校参加について取り上げてみたいと思います。

最近では日本でも子どもたち自身を学校づくりに参加させる実践例が増えてきましたが、国際的に見るときわめて後れています。その理由の一つとして、日本ではまだ「子どもは発展途上なのだから、そこまで権利を与えるべきではない」とか「権利ばかりを主張し、義務を怠るわがままな子どもを輩出するのではないか」という心配が根強いからです。

しかし、最近の問題行動を起こす子どもたちをよく見て下さい。彼らは大人への信頼を喪失し、自尊感情や自分へのプライドが極度に低く、「どうにでもなれ」と、キレたり暴れたりしているのです。教師はこれをなんとかくいとめようと躍起になるのですが、〝指導〟と称して子どもたちを押さえつけ、その結果、ますます事態を悪化させてしまった事例もたくさん見られます。

学校生活の主人公に

では、逆に幼いうちから学校づくりに積極的に参加させ、「自分も学校を動かしている一員なんだ」という自覚が持てるようにしたらどうなるでしょうか。それは、きっと子どもたちの中に自分たちの意見に耳を傾けてくれる大人への信頼感を形成するでしょう。と同時に、子どもたち自身の心の内に自尊感情をも育てることでしょう。

学校の主人公として、実際に学校を運営しているんだという実感は、一人の人間に対してプライドを育て、生きるエネルギーを与えてくれます。そしてこのような心情に裏打ちされた子どもたちの自己責任感こそ、今日の学校の危機に対して自己解決能力を生み出す源となるはずです。たとえ低学年でも、子どもたちの意見を聞きながら授業を進めたり、遠足や運動会、クラスレクリエーションなどの企画を子どもたちにまかせてみるのです。自分たちが決めた通りに学校が動いていく実感は、必ずや子どもたちの心の中に満足感を広げ、自己責任感情と能力を高めることでしょう。

　これからの時代は子どもたちが学校生活の主役になり、直接地域の人々の力を授業に生かしてもらい、教師は子どもたちの「学びのコーディネーター」として授業を創造していく――こんな姿の学校が増えることを願います。

第４章のまとめ

●学級崩壊はどこの学校でも起こりうること

学級崩壊は、学校だけの問題ではありません。先生任せにするのではなく、親が学校と協力し、子どもたちとの関わり方を考えていくことが必要なのです。

●教師や地域の親たち、複数の目で子どもを見つめよう

学校の先生だけでなく、地域の他のお母さんのやさしいまなざしが、子どもたちの心を安心させます。ある地域では、お母さんたちの協力によって学級崩壊が改善された例があります。次はあなたの番です。

●「子どもを指導する」のではなく、問題解決に協力してもらおう

幼いうちから学校づくりに積極的に参加させ、自分の環境を自ら作り出すという自主性を育てることが大切。子どもも、自分たちが決めたルールであれば守ろうとするでしょうし、ひとりの人間としてのプライドも育ちます。同じように、ご家庭でも、家庭のルールを子ども自身に決めてもらうのもいいでしょう。お母さんもラクになりますし、子どもの成長にとっても非常に有意義です。

●ひとりで抱え込まず、「家庭」「学校」「地域」みんなで子育てしよう

お母さんひとりでなんとかしよう、とすると息切れしてしまいます。学校や地域の人々の知恵を借りつつ、時には子ども自身のアイディアを生かしながら、みんなで子育てのかたちをつくっていきましょう。

尾木直樹の本

『尾木ママの「凹まない」生き方論』（主婦と生活社）
『尾木ママの「叱らない」子育て論』（主婦と生活社）
『尾木ママの黙ってられない！』（ＫＫベストセラーズ）
『子どもが自立する学校―奇跡を生んだ実践の秘密』（青灯社）
『「よい子」が人を殺す―なぜ「家庭内殺人」「無差別殺人」が続発するのか』（青灯社）
『日本人はどこまでバカになるのか「ＰＩＳＡ型学力」低下』（青灯社）
『新・学歴社会がはじまる』（青灯社）
『子ども格差――壊れる子どもと教育現場』（角川ｏｎｅテーマ21）
『バカ親って言うな！―モンスターペアレントの謎』（角川ｏｎｅテーマ21）
『教育格差――ダメ教師はなぜ増えるのか』（角川ｏｎｅテーマ21）
『思春期の危機をどう見るか』（岩波新書）

『教育破綻が日本を滅ぼす！ ―立ち去る教師、壊れる子ども達』（ベスト新書）
『尾木直樹の教育相談室』（学事出版）
『尾木直樹の教育事件簿』（学事出版）
『学校を元気にする50のルール』（三省堂）
『心罰――子どもの心を傷つける行為』（学陽書房）
『いじめっ子―その分析と克服法』（学陽書房）
『「ケータイ時代」を生きるきみへ』（岩波ジュニア新書）
『いま「開国」の時、ニッポンの教育』（リヒテルズ直子との共著、ほんの本）
『元気がでる子育て論』（新日本出版社）
『うちの子の将来と「学力」―親と一緒に考える』（新日本出版社）
『変われるか？ 日本の教育』（新日本出版社）
『「学力低下」をどうみるか』（ＮＨＫブックス）
『「全国学力テスト」はなぜダメなのか』（岩波書店）
『いじめ問題とどう向き合うか』（岩波ブックレット）
『子どもの目線―臨床教育相談を考える』（弘文堂）

著者紹介
尾木直樹（おぎ　なおき）
1947年生まれ。早稲田大学卒業後、海城高校、東京都公立中学教師として、22年間ユニークで創造的な教育実践を展開。現在、教育評論家、法政大学キャリアデザイン学部教授、早稲田大学大学院教育学研究科客員教授、臨床教育研究所「虹」所長。全国への講演活動や執筆、調査・研究活動のほかメディア出演も多数。
主な近著に『尾木ママの「叱らない」子育て論』（主婦と生活社）、『尾木ママの黙ってられない！』（KKベストセラーズ）、『尾木ママの「凹まない」生き方論』（主婦と生活社）、『尾木ママの教育をもっと知る本』（ほんの木）、『危機の大学論』（諸星裕との共著、角川oneテーマ21）など。

本書は、2001年７月にＰＨＰ研究所から発刊された『親だからできる「こころ」の教育』を改題し、再編集したものである。

ＰＨＰ文庫　尾木ママの
親だからできる「こころ」の子育て

2011年11月21日　第1版第1刷
2012年10月17日　第1版第8刷

著　者　尾　木　直　樹
発行者　小　林　成　彦
発行所　株式会社ＰＨＰ研究所
東京本部　〒102-8331　千代田区一番町21
文庫出版部　☎03-3239-6259(編集)
普及一部　☎03-3239-6233(販売)
京都本部　〒601-8411　京都市南区西九条北ノ内町11
PHP INTERFACE　http://www.php.co.jp/
組　版　朝日メディアインターナショナル株式会社
印刷所
製本所　凸版印刷株式会社

落丁・乱丁本の場合は弊社制作管理部(☎03-3239-6226)へご連絡下さい。

送料弊社負担にてお取り替えいたします。

ISBN978-4-569-67738-5

子どもの心のコーチング

一人で考え、一人でできる子の育て方

菅原裕子 著

問題点を引き出し、自ら解決させ成長を促すコーチング。その手法を「子育て」に応用し、未来志向の子どもを育てる、魔法の問い掛け術。

定価五八〇円
(本体五五二円)
税五%

「叱らない」しつけ

ほんの少しの工夫で、「元気な子」「できる子」が育つ

親野智可等 著

時には叱ることも、しつけには大切。でも叱ってばかりでは子供は萎縮するばかり。「しつけ＝叱る」の常識をくつがえす、子育て論。

定価五二〇円
（本体四九五円）
税五％